Christine Metzger
Uwe Streitferdt

# Mischlinge
## Hunde mit Intelligenz und Charakter

Experten-Rat für die artgerechte Haltung

Farbfotos: Monika Wegler und andere Tierfotografen
Zeichnungen: György Jankovics

GU GRÄFE UND UNZER

# Inhalt

Mischlinge liegen im Trend. Ihre Natürlichkeit und Individualität machen Sie zu idealen Begleitern. Wer seinen »Mix« liebt, weiß: Was Pflege, Gesundheitsvorsorge, Ernährung und Haltung betrifft, ist er genauso ernst zu nehmen und ebenso gewissenhaft zu betreuen wie ein Rassehund.

**Vom Charme und Witz der Rasselosen** 4
Was ist überhaupt ein Mischling? 6
Von Verbänden, Vereinen und Standards 7
Sind Mischlinge bessere Hunde? 8

**Die Anschaffung eines »Originals«** 10
Ist ein Hund das richtige Haustier für Sie? 10
Wie stellen Sie sich Ihren Mischlingshund vor? 10
Woher bekommen Sie ihn? 11
Praxis: Der Mischlingswelpe 14

**Ohne Herr und Heim – der Findelhund** 16
Die rechtliche Situation im Inland 16
Herrenlose Hunde im Ausland 17
Wenn Sie den Hund mit nach Hause nehmen wollen 18

**Lernen und Teil der Familie werden** 22
Probleme durch Fehlerziehung 25
Praxis: Hundeerziehung 26
Fahrplan Stubenreinheit 28
Der Alltag mit dem Hund 29

**Richtig ernähren ist mehr als füttern** 30
Richtig füttern 30
Die Ernährung des Welpen 31
Die Ernährung des alten Hundes 32
Freßstörungen 32
Praxis: Hundemenüs 34

**Der gepflegte Mischling** 36
Kämmen und Bürsten 36
Scheren und Baden 36
Flöhe und Zecken 36
Praxis: Pflege 38

**Gesundheitsvorsorge und Krankheiten** 40
Wie der Hund gesund bleibt 40
Praxis: Erste Hilfe 42
Wenn der Hund krank ist 45
Was der Tierarzt wissen muß 45
Gesundheitsstörungen 46
Was Sie können müssen 48
Der alte Hund 48

**Nachwuchs planen – selber mischen** 50
Die Sexualität des Hundes 50
Die Wahl des Vaters 50
Schwangerschaft und Geburt 55
Aufzucht der Welpen 56
Wenn Sie keinen Nachwuchs wollen 58

**Den Hund verstehen** 59
Der Wolf im Hundspelz 59
Wie spricht der Hund? 60
Wie antwortet der Mensch? 62
Der Hund und seinesgleichen 62
Sinnesorgane im Vergleich 62

**Gemischtes in allen Variationen** 64
Mischlingsporträts mit Angaben zu Herkunft, Aussehen, Wesen, Pflege und Haltung

**Hunde-Lexikon** 82

**Register** 92

**Adressen, die weiterhelfen** 95

**Wichtige Hinweise** 95

# Vorwort

### Der Mischling, der Hund den es nur einmal gibt

Meist ist es Liebe auf den ersten Blick: ein entzückender Welpe oder ein herrenloser großer Hund haben unser Herz gerührt. Und ehe man sich's versieht, ist man Besitzer eines Hundes mit Klasse ohne Rasse. Doch diese spontane Entscheidung kann überraschende Folgen haben: Der wuschelige Welpe wächst zu einem stattlichen Hund in Bernhardinergröße heran, der originelle Ibizza-Mix entpuppt sich als schwer erziehbares Wesen. Neben den alltäglichen Problemen der Hundehaltung wie Ernährung, Erziehung und Gesunderhaltung taucht immer wieder die Frage auf: Was ist beim Mischlingshund anders als beim Rassehund?
GU Hunde-Expertin Christine Metzger und Tierarzt Dr. Uwe Streitferdt geben fundierten Rat in allen Fragen der Mischlingshunde-Haltung. Und sie haben erstmals den Versuch unternommen, unterschiedliche Mischlingstypen zu beschreiben, so zum Beispiel den Boxer-Schäfer-Mischling oder den Dackel-Yorkshire-Mix. Detaillierte Steckbriefe zeigen charakteristische Eigenschaften verschiedener Mischlingstypen auf.
Speziell für dieses Buch aufgenommene Farbfotos beweisen, daß Mischlinge echte Hundepersönlichkeiten sind. Ein Zusatz-Service: Der Sonderteil mit wichtigen Fragen, die sich beim Findel- und »Urlaubs«-Hund stellen.
Viel Freude mit Ihrem einmaligen Hund wünschen Ihnen die Autoren und die GU Naturbuch-Redaktion.

*Bitte beachten Sie die »Wichtigen Hinweise« auf Seite 95.*

*Eine Haltung, die jeder versteht: »Wer hat Zeit und krault mich am Bauch«.*

# Vom Charme und Witz der Rasselosen

Die Geschichte dieses Buches beginnt bei Putschi, der kleinen grauen Mittelschnauzerhündin, die Bekannte abgeben mußten. Als Putschi zu uns kam, war sie zwei Jahre alt und der Züchter hatte bereits alles an ihr abgeschnitten, was er damals noch durfte, ohne sich strafbar zu machen: Ohren und Schwanz. Ihre Haare jedoch waren nicht getrimmt, und das sah so schön wuschelig aus, daß wir es dabei beließen. So erkennt kaum jemand, daß unter der Wolle eine Rasse steckt, und Putschi geht anstandslos als Mischling durch, wenn sie mit ihrem Sohn auftritt.

Putschis Sohn heißt Benjamin, und er ist ein Kind der Liebe. Zu dieser Liebe kam es in Salzburg, der Heimatstadt von Florian. Florian ist ein Jagdterrier-Griffon-Mischling, ebenso groß wie Putschi, ein lieber, quicklebendiger, strubbeliger Kerl mit klugen Augen und einer schrillen Stimme, die er leider an seine Kinder vererbt hat. Doch davon später. Erst von der Liebe. Die beiden hatten drei Tage Zeit, sie auszukosten, und sie benahmen sich wie ein Pärchen in den Flitterwochen: Tauchten nur noch Seite an Seite auf, verließen das Haus nur ganz kurz, um allerwichtigste Geschäfte zu erledigen, und verbrachten die Tage, einander liebkosend, in der Wohnung. Als das Silvesterschießen kam, flüchteten beide auf einen Sessel, er schützend über sie gebeugt, obwohl seine Angst vor dem Knallen nicht geringer war als ihre.

Am 29. Februar waren dann sechs kleine Hunde da. Es begann eine wunderschöne Zeit voll Überraschungen und Fragen: Was wird wohl aus diesen kleinen Wesen? Setzt sich braun durch oder grau? Bleiben die Schüchternen schüchtern und die weißen Pfötchen weiß? Die Antworten ließen ein Jahr auf sich warten. Erst dann hatten die Hunde ihr endgültiges Aussehen erreicht. Weiß war verschwunden. Braun hatte sich durchgesetzt und rotbraun und grau; Florians Stimme leider auch. Eine Tochter sieht fast aus wie Putschi. Langer Schwanz, Hängeohren und sehr selbstbewußt. Aus den zwei Schüchternsten wurden die zwei Frechsten. Wir wissen das, weil einer davon Benjamin ist. Und weil wir mit allen, an die wir Welpen gegeben haben, Kontakt halten.

Übrigens: Die große Liebe war kein Zufall. Wir wollten Mischlinge. Wenn man 15 Jahre lang in der tierärztlichen Praxis mit den Problemen von Rassehunden zu tun hat, kommt man zwangsläufig auf den Mischlingshund. Und hat das Bedürfnis, auch anderen von seinen positiven Erfahrungen zu berichten. So ist dieses Buch entstanden.

*So hübsch sie sind: Die blauen Augen können, wenn sie mit weißen Flecken durchsetzt sind, ein Zeichen von Erbkrankheit sein.*

<u>Husky-Schäferhund, 1 Jahr alt.</u>
*Ein blaues Auge vom Husky und ein braunes Auge vom Schäferhund machen diese Mischlingshündin zu einer ganz seltenen Schönheit.*

*Ruto, ein Dalmatinermischling, ist Star einer Hundenummer im Zirkus.*

## Was ist überhaupt ein Mischling?

Nur scheinbar ist diese Frage leicht geklärt: Ein Mischling ist ein Hund, der keiner Rasse angehört. Damit jedoch stehen wir vor der nächsten Frage: Was ist eine Rasse? In der Sprache der Biologen ausgedrückt, lautet die Antwort so: Eine Rasse ist die Untergruppe einer Art, wobei diese Untergruppe kennzeichnende, gleiche Merkmale aufweisen muß, durch die sie sich von anderen Untergruppen derselben Art unterscheidet. Also: Dackel und Pudel gehören zur Art Hund; ihre unterschiedlichen Merkmale sind jedoch so ausgeprägt, daß kein Zweifel aufkommt, welcher Hund welcher Rasse zuzuordnen ist.

Würden sich nun Dackel und Pudel paaren, kämen sicherlich sehr lustige, aufgeweckte, originelle Hunde dabei heraus, nur von einer Rasse würde keiner mehr sprechen. Warum eigentlich nicht? Warum gibt es Hunde mit kurzen Beinen, weiß-braunem Stockhaar, langer Schnauze, Ringelschwanz und

Kippohren, die im Tierheim sitzen, billigst zu haben sind und Mischlinge genannt werden – und dann andere, die ihnen zum Verwechseln ähnlich sehen, viel Geld kosten, Papiere besitzen und einen Rassenamen: Kromfohrländer. Dieser Kromfohrländer ist übrigens die jüngste deutsche Hunderasse und er ist natürlich, wie jede Rasse, eine Mischung. Eine Mischung aus Drahthaarfox und bretonischem Griffon. Fast wie Benjamin also. Nur, daß jener Mischling »Rasse« genannt wird und Benjamin »Mischling«. Wie ist das zu erklären?

**Von Verbänden, Vereinen und Standards**

Rassen in der Vielfalt, wie wir sie heute kennen, existieren erst seit dem 19. Jahrhundert. Zwar gab es schon immer Hunde unterschiedlicher Größe und verschiedenen Aussehens, die der Mensch für diverse Funktionen einsetzte, doch legte man keinen übertriebenen Wert auf ein genormtes äußeres Erscheinungsbild. Hauptsache, die Leistung stimmte.

Das änderte sich im 19. Jahrhundert. Als Folge der Französischen Revolution waren Klassenschranken gefallen, die Einteilung »Edle Hunde für die Adeligen und Straßenköter für die Armen« galt nicht mehr. Im Bürgertum stieg der Bedarf an Hunden, denen man ansah, daß sie teure Züchtungen und keine Bastarde waren. Der Rassehund adelte seinen bürgerlichen Besitzer und die Züchter wiederum erhoben ihre Zuchtprodukte in den Adelsstand: Noch heute führen Rassehunde im Stammbaum aufwendige Adelstitel. War (und ist) bei Gebrauchshunden einzig und allein die Leistung ausschlaggebend und Auswahlkriterium für die Weiterzucht, so wurde nun das Aussehen immer wichtiger. Einheitliche äußere Merkmale waren gefragt, je ausgefallener, umso teurer und umso begehrter. Nach der ersten Hundeausstellung der Welt, die 1859 in England stattfand, entstanden in verschiedenen Ländern Hundezuchtklubs, seit 1906 gibt es den Verband für das Deutsche Hundewesen.

Diese Organisationen bestimmen nun, was eine Rasse ist. In einem langen Procedere, das zum Beispiel auch die Kromfohrländer-Rasse durchlief, bis sie als solche »salonfähig« wurde, werden bestimmte Bedingungen an die Hunde gestellt, die der Züchter dann über eine gewisse Anzahl von Generationen erfüllen muß. Schafft er es, hat er eine Rasse kreiert. (Uns ist das zu mühsam. Deshalb bleibt der Benjamin ein Mischling).

Die Statuten, die diktieren, wie eine bestimmte Rasse auszusehen hat, nennt man Standards. Es sind willkürlich festgelegte Bestimmungen, die das äußere Erscheinungsbild und bestimmte Wesensmerkmale des Hundes festschreiben. Wie lang die Beine und die Ohren sein müssen, wie die Schnauze beschaffen sein soll. Viele dieser Standards gerieten in den letzten Jahren immer heftiger ins Kreuzfeuer der Kritik. Schlagwörter wie »Qualzucht« oder »Defektzucht« sind aufgetaucht, da viele Zuchtziele nicht mehr der Natur des Hundes entsprechen.

Denn die Natur hat sich sicher etwas dabei gedacht, als sie den Wolf beispielsweise mit einer langen, spitzen Schnauze ausstattete. Wittern sollte er können, mit seiner feinen Nase Spuren aufnehmen. Eine blendend weiße Zahnreihe sollte Platz finden, mit kräftigen Kiefern sollte er zubeißen, kauen. Und nicht zuletzt hat sich die Natur wohl auch gedacht, daß eine Nase zum Schnaufen da sei. Und die Augen zum Sehen. Die Beine zum Laufen und das Fell zum Schutz.

**A**lle Hunde sind Mischlinge. Wer von diesen Mischungen das Attribut »Rassehund« bekommt, bestimmen Zuchtvereine und deren Dachorganisationen. Die angewendeten Kriterien und die als Zuchtziel verlangten Merkmale sind willkürlich festgelegt.

*Ist kein Stallbursche zur Stelle, schnappt sich Purzel die Zügel...*

Über all das hat sich der züchtende Mensch hinweggesetzt. Und Hunde kreiert, die kaum mehr gehen können. Weil sie zu schwer sind, wie zum Beispiel der Bernhardiner. Oder an einer vererbten Mißbildung im Bereich des Knies leiden, wie viele Yorkshire Terrier. Hunde, die so kurze Schnauzen haben, daß sie durch die Nase kaum mehr atmen können und durch den Mund Luft holen müssen, woran sie aber häufig ein zu langes Gaumensegel hindert. Der Pekinese ist so ein armes Tier. Seine Kiefer sind so kurz gezüchtet, daß die Zähne keinen Platz mehr finden. Manche Menschen finden das »schön«. Sie finden es auch »schön«, wenn ein Hund am Körper keine Haare mehr hat, wie der Mexikanische Nackthund. Oder soviel Haut, daß sie ihm in Falten am Körper hängt. Der Shar-Pei ist so eine Züchtung. Er kommt aus China, wo man ihn schätzt, weil die Haut so knusprig wird und gut schmeckt. Wir essen keine Hunde. Warum man bei uns solch bedauernswerte Geschöpfe züchtet, die unter Ekzemen zwischen den Hautfalten leiden und oft blind werden, wenn man sie nicht operiert und das Auge durch Entfernung größerer Hautfalten freilegt, ist eine der Fragen, die in der Diskussion um die ethische und medizinische Verantwortung der Züchter und ihrer Verbände immer wieder auftaucht. Wie glücklich können Sie sich als Mischlingshundbesitzer preisen: Sie können davon ausgehen, daß Extreme, die Ergebnisse der Zucht sind, sich in der Regel in der Mischung abschwächen. Wobei »extrem« alles ist, was nicht der Natur des Hundes als Urenkel des Wolfs entspricht: zu winzig oder zu riesig gezüchtete Hunde sind genauso unnatürlich wie Hunde, die ein zu dichtes Haarkleid haben oder einen extrem langen Rücken oder zu kurze Schnauzen. Diese Extreme gehen immer mit bestimmten Krankheiten einher. Das sollten Sie wissen. Denn jede Rasse ist eine Mischung und in jedem Mischling steckt irgendein Rassehund. Und das bringt uns zur nächsten Frage:

**Sind Mischlinge bessere Hunde?**
Grundsätzlich und warnend muß vorausgeschickt werden, daß man in der Vererbungslehre keine Aussage mit hundertprozentiger Sicherheit treffen kann. Also: Ein Hund ist nicht nur deshalb, weil er gemischt ist, automatisch gesund und charakterlich ein Superkerl. Es kann sich bei der Fülle des Genmaterials, das in jedem Hund steckt, auch etwas Negatives durchsetzen. Nur: Die Wahrscheinlichkeit, daß der Mischlingshund robust, lernfähig, wenig problematisch, flexibel im Verhalten, anpassungsfähig ist, ist sehr groß. Die Wissenschaft spricht in diesem Zusammenhang vom Heterosiseffekt (→ Lexikon, Seite 86). Laienhaft würde

man sagen, daß bei Mischungen eine Art Blutauffrischung stattfindet, die einen positiven Effekt hat, weil sie Inzucht verhindert. Und daß Inzucht in der Regel sowohl zu körperlicher als auch geistiger Dekadenz führt, können wir auch an menschlichen Beispielen sehen.

## Die Zukunft des Mischlings

Der Mischling ist »in« – wir haben das 19. Jahrhundert überwunden! Immer mehr Menschen haben genug Selbstbewußtsein, sich für einen »Straßenköter« zu entscheiden, für einen gemischten vierbeinigen Freund. Je mehr man sich wieder zur Natur bekennt, desto natürlicher möchte man auch den Hund belassen. Auf der Beliebtheitsskala nimmt der Mix unbestritten Platz 1 ein, mehr als ein Viertel aller in der Bundesrepublik lebenden Hunde sind Mischungen. Und nicht nur Privatleute entdecken den Mischling, auch dort, wo es um Leistung geht, wird er eingesetzt: Er ist Hütehund für Schafherden, er wird als Blindenhund ausgebildet. Unter den Rettungshunden, die verschüttete Menschen aufspüren, nehmen die Mischlinge in Deutschland bereits die zweite Stelle ein. Und natürlich gibt es nach wie vor die eine Domäne, in der sie ihren ganzen Witz, ihre drollige Art und ihre Intelligenz entfalten können – den Zirkus. Seit neuestem sind die wuscheligen lustigen Kerle auch noch in Film, Fernsehen und Werbung besonders gefragt. Denn Lassie hat ausgedient. Die Stars der Leinwand heißen heute Buma, Benji und Bingo und – sie sind gemischt. Was beweist, was Mischlingshundbesitzer längst wissen: Daß nämlich Klasse nichts mit Rasse zu tun hat!

*... und führt seinen Freund sicher in den Stall zurück.*

# Die Anschaffung eines »Originals«

Zum Mischlingshund kommt man oft ganz unverhofft: Der arme streunende Hund am Strand, der niedliche Welpe, den keiner will – die spontane Entscheidung, ihn mitzunehmen, ist schnell gefällt. Oft verführt auch der niedrige Kaufpreis zur unüberlegten Anschaffung. Erst nachträglich realisiert man, daß ein neuer Hausgenosse – für den man voll verantwortlich ist – in den Alltag miteinbezogen werden muß. Deshalb sind vor der Anschaffung folgende Überlegungen wichtig:

**Ist ein Hund das richtige Haustier für Sie?**
• Haben Sie Zeit für einen Hund? Sie sollten ihm täglich mindestens 2 Stunden widmen, und das 10 bis 15 Jahre lang.
• Können Sie es so einrichten, daß der Hund nicht länger als 4 Stunden täglich alleine ist?
• Können Sie sich einen Hund leisten? Steuer, Versicherung, Futter, Tierarztkosten – das summiert sich!
• Erlaubt der Vermieter Hundehaltung? Wenn laut Mietvertrag Tierhaltung grundsätzlich verboten ist, dürfen Sie sich keinen Hund anschaffen.
• Ist ein Familienmitglied allergisch gegen Hundehaare? Fragen Sie im Zweifelsfall den Arzt.
• Was geschieht mit dem Hund, wenn Sie in Urlaub fahren oder krank sind?

**Wie stellen Sie sich Ihren Mischlingshund vor?**
Allzu starre Vorstellungen von Aussehen und Wesen Ihres Hundes dürfen Sie nicht haben, da jeder Mischling anders und in seiner Weise einzigartig ist. Trotzdem sollten Sie vor der Anschaffung folgendes bedenken.

Großer oder kleiner Hund?
Ein großer Hund braucht mehr Platz in der Wohnung, er benötigt mehr Auslauf und er frißt – sprich kostet – mehr. Wie Sie beim Mischlingswelpen in etwa auf seine Größe als ausgewachsener Hund schließen können, erfahren Sie auf Praxis-Seite 14.

Hündin oder Rüde?
Rüden sind eigenständiger, sie geraten leichter in Raufereien mit ihren Geschlechtsgenossen und sind auch dem Menschen gegenüber selbstbewußter. Hündinnen gelten als anhänglicher und sensibler und sind daher leichter zu erziehen. Wie Sie verhindern, daß eine Hündin ungewollt trächtig wird, erfahren Sie auf Seite 58.

Junger oder erwachsener Hund?
Ein junger Hund ist leichter zu erziehen, allerdings müssen Sie sich während des ersten halben Jahres intensiv mit ihm beschäftigen. Ein erwachsener Hund ist eine fertige Persönlichkeit, und es erfordert viel Einfühlungsvermögen, ihn an sich zu gewöhnen. Sie brauchen außerdem Geduld, um ihm eventuell vorhandene Untugenden abzugewöhnen (→ Seite 25).

*Mischlingswelpen stecken voll Überraschungen: Kaum zu glauben, daß dieser Kleine und der auf Seite 16 abgebildete Geschwister sind.*

*»Hier bringt mich keiner mehr fort.« Für Spitzmischling Fleckerl ging ein Wunsch in Erfüllung.*

## Woher bekommen Sie Ihren Mischlingshund?

<u>Von Bekannten:</u> Übernehmen Sie einen erwachsenen Hund von Bekannten, so kennen Sie die Bedingungen, unter denen er gehalten wurde. Für den Hund sind Sie nicht fremd, er wird sich leichter eingewöhnen. Wenn Sie einen Welpen nehmen, dessen Mutter Sie kennen, können Sie in etwa abschätzen, wie die Kleinen sich entwickeln werden.

<u>Über Anzeigen in der Zeitung:</u> Unter der Rubrik »Tiermarkt« werden immer wieder junge und erwachsene Hunde angeboten. Versuchen Sie bereits telefonisch möglichst viel zu erfragen: Wie alt ist der Hund? Warum wird er abgegeben? Wie groß ist er, oder – beim Welpen – wie groß sind die Eltern?

<u>Aus dem Tierheim:</u> Ausgesetzte Hunde oder solche, die von ihren Besitzern abgegeben wurden, warten hier auf ein neues Zuhause. 70% bis 80% davon sind Mischlinge. Erwartet wird eine Geldspende zwischen 50 und 100 DM.

<u>Der Findelhund:</u> → Seiten 16 bis 21.

## Was kommt auf Sie zu?

Was Sie beachten müssen, wenn Sie einen Mischlingswelpen nehmen wollen, erfahren Sie auf den Seiten 14 und 15.

### Der erwachsene Hund

Entscheidet man sich für einen erwachsenen Hund, muß man bedenken, daß dieses Tier bereits geprägt ist und bestimmte Erfahrungen gemacht hat. Daher ist es wichtig, sich ein Bild davon zu machen, wie der Hund bisher gehalten wurde. Folgende Beobachtungen können Aufschluß geben:

Äußeres Erscheinungsbild: Ein gesunder Hund hat glänzendes Fell und klare Augen. Achten Sie auf folgendes: Ist der Hund abgemagert? Ist sein Fell schütter oder verfilzt? Sind Narben und Wunden zu sehen, tränen die Augen, ist der After verklebt? Ein Hund, der so aussieht, wurde schlecht gehalten.

Was auf Sie zukommt: Dieser Hund muß mit viel Liebe aufgepäppelt, gebadet und vom Tierarzt entwurmt werden. Die Erfahrung zeigt, daß gerade solche Hunde oft die treusten und liebsten Gefährten werden.

Verhalten: Wenn Sie den Hund vom Vorbesitzer abholen, beobachten Sie, wie sich der Hund seinem Herrn nähert: Kommt er schwanzwedelnd auf ihn zu oder springt er freudig an ihm hoch, können Sie davon ausgehen, daß Herr und Hund ein gutes Verhältnis haben. Kriecht der Hund mit eingezogenem Schwanz auf seinen Besitzer zu, schreckt er zurück, wenn jemand die Hand hebt, hat er schlechte Erfahrungen gemacht. Versuchen Sie, den Hund zu sich zu locken und ihn zu streicheln. Reagiert er aggressiv oder weicht er zurück, wenn Sie ihm den Kopf tätscheln wollen?

Was auf Sie zukommt: Einem überängstlichen Hund müssen Sie mit sehr viel Liebe und Geduld Vertrauen einflößen. Wenn Sie noch nie einen Hund besessen haben, sollten Sie sich gut überlegen, ob Sie sich das zutrauen. Noch mehr Erfahrung mit Hunden muß derjenige haben, der sich mit einem aggressiven Hund einläßt. Er muß in der Lage sein, den Hund so zu erziehen, daß er keine Gefahr für seine Umgebung darstellt.

Unser Tip: Versuchen Sie in jedem Fall möglichst viel über den Hund zu erfahren. Wenn Sie ihn direkt vom Vorbesitzer übernehmen, lassen Sie sich alles über Eß- und Schlafgewohnheiten, Angst vor bestimmten Geräuschen, Probleme beim Spaziergang (Wildern, Aggression gegen andere Hunde) erzählen. Je mehr Sie sich auf die Eigenarten und Gewohnheiten des Hundes einstellen, desto schneller wird er sich bei Ihnen wohl fühlen. Wenn Sie den Hund aus dem Tierheim holen, ist der Tierpfleger Ihr Ansprechpartner. Er verfügt über die Information vom Vorbesitzer und teilt Ihnen die Beobachtungen mit, die er selbst gemacht hat.

*Ein Namensschild mit Telefonnummer und seine Steuermarke sollte der Hund immer tragen.*

---

### Was braucht der Hund?

Bevor der Hund ins Haus kommt, müssen Sie einkaufen gehen:
- 1 Futter- und 1 Wasserschüssel
- Futter
- Leine und Halsband
- Kamm oder Bürste
- Decke oder Korb
- Spielzeug

Wenn der Hund bei Ihnen lebt, müssen Sie sich kümmern um:
- Impfung, Entwurmung und Tätowierung beim Tierarzt
- eine Steuernummer
- Namensschild mit Telefonnummer
- eine Haftpflichtversicherung (→ Lexikon, Seite 86).

Auch wenn er noch so niedlich aussieht – man sollte sich nicht nur aus emotionalen Gründen für einen Mischlingshund entscheiden. Wer so ein Lebewesen zu sich nimmt, geht eine große Verantwortung ein. Er muß dem Tier treu bleiben bis ins Alter. Und ein Hund kann 15 Jahre und älter werden.

*»Was in mir wohl alles steckt?«*

# PRAXIS
## Der Mischlingswelpe

Wer einen Mischlingswelpen zu sich nimmt, läßt sich auf ein wunderbares Abenteuer ein. Denn niemand kann genau sagen, was aus dem kleinen Wesen einmal werden wird. Ein paar Kriterien gibt es jedoch, die Ihnen helfen, etwas über das spätere Aussehen, die Größe und das Wesen Ihres Mischlingswelpen vorherzusagen.

### Aussehen
Es dauert etwa ein Jahr, bis der Phänotyp (→ Lexikon, Seite 89) eines Hundes ausgebildet ist, das heißt, bis der Hund sein Aussehen nicht mehr wesentlich verändert. Für den Mischlingshundbesitzer ist diese Zeit voller Überraschungen: Bleibt der helle Pigmentfleck auf der Nase? Wird das Haar noch länger und wuscheliger? Wenn Sie beide Elternteile des Hundes kennen, haben Sie zumindest ein paar Anhaltspunkte. Wenn Sie nur die Mutter oder gar kein Elternteil kennen, müssen Sie sich überraschen lassen.

### Größe
In diesem Punkt sind Überraschungen eher unliebsam. Wenn man nur wenig Platz in der Wohnung hat und der süße Kleine sich zu einem mittleren Kalb auswächst, sind die Probleme vorprogrammiert. Folgende Kriterien helfen Ihnen zu beurteilen, wie groß der Welpe etwa werden wird:

<u>Größe im Verhältnis zum Alter</u>
Als Faustregel gilt: Der Hund hat mit 2 Monaten etwa 1 Viertel, mit 3 Monaten etwa 1 Drittel und mit einem halben Jahr etwa 2 Drittel seiner endgültigen Größe erreicht. Mit etwa 1 Jahr ist er ausgewachsen. Wenn Sie nicht sicher wissen, wie alt der Welpe ist, sehen Sie sich seine Zähne an: Hat der Hund noch alle seine spitzen, kleinen Milchzähne, ist er weniger als 4 Monate alt. Der Zahnwechsel erfolgt in der Regel vom 4. bis zum 6. Monat (bei kleineren Hunden kann es auch länger dauern). Die bleibenden Zähne sind wesentlich größer und abgerundeter als die Milchzähne.

<u>Kopf- und Pfotengröße</u>
Zeichnung 1
Daß Kopf und Pfoten beim jungen Hund im Verhältnis zum übrigen Körper unproportioniert wirken, liegt am Knochenwachstum: Knochen, die nicht so schnell wachsen, sind von vornherein größer angelegt. Wenn Pfoten und Kopf eines Welpen also riesig wirken, kann man davon ausgehen, daß der Hund sehr groß wird.

<u>Größe der Eltern</u>
Wenn man beide Eltern kennt, tut man sich leicht mit der Prognose, wobei man grundsätzlich sagen kann, daß die Natur das Mittelmaß favorisiert. Das heißt, wenn ein Elternteil ein extrem klein oder groß gezüchteter Rassehund ist, wird sich im Mischling dieses Extrem nicht unbedingt fortpflanzen.

### Wesen
Wer einen Rassehund kauft, erwartet nicht nur ein bestimmtes Erscheinungsbild, er kann auch davon ausgehen, daß sein Hund bestimmte, durch die Zucht festgelegte Charaktereigenschaften hat. Der Mischlingshundbesitzer hat diese Sicherheit nicht. Sein Hund kann sich zum liebsten, treusten Wesen auswachsen, er kann aber auch Eigenschaften entwickeln, die dem Besitzer Schwierigkeiten bereiten, wie Wildern, Unfreundlichkeit Kindern gegenüber oder Aggression gegen andere Hunde. Um sich wenigstens annähernd ein Bild vom Wesen Ihres zukünftigen Hundes zu machen, sollten Sie folgendes beachten:

<u>Die Eltern des jungen Hundes</u>
Auch wenn die Prägung in den ersten Wochen und die spätere Erziehung durch den Menschen Einfluß auf die Entwicklung des Hundes nehmen, werden doch

<u>1</u>| Kopf und Pfoten wirken beim Welpen oft zu groß.

2| Beim Spielen kann man Welpen gut beobachten: Manche sind frech und neugierig, andere eher schüchtern und zurückhaltend.

sehr viele Eigenschaften vererbt. Daher ist es sehr aufschlußreich, sich die Eltern des kleinen Hundes anzusehen. Welche Rasse oder Mischung sind die Eltern? Auf welche typischen Eigenschaften kann man aufgrund dessen schließen (→Steckbriefe, Seiten 64 bis 81)?
Wie verhält sich die Mutter? Hat sie ein liebes, ausgeglichenes Wesen, ist sie eine Kläfferin oder überängstlich? Bedenken Sie allerdings, daß die Hündin in der Zeit, in der sie für ihre Kleinen verantwortlich ist, oft böse wird, weil sie ihre Jungen verteidigen will. Ein Gespräch mit dem Besitzer ist dann wichtiger als die eigene Beobachtung.

### Beobachten der jungen Hunde
Zeichnung 2
In jedem Wurf gibt es zurückhaltende Hunde und solche, die besonders forsch auftreten. Wenn Sie den Hunden beim Spielen zusehen, können Sie gewisse Aussagen über das Wesen der Kleinen machen. Wer abseits steht, ist der mehr Schüchterne, dem man mit viel Liebe zu Selbstbewußtsein verhelfen muß. Wer frech und neugierig losstürmt und die anderen im Spiel dominiert, ist der »Boss«, und man muß ihn recht konsequent erziehen, damit er sein dominantes Verhalten nicht auch dem Menschen gegenüber beibehält.

### Beobachten eines einzelnen Welpen
Zeichnung 3
Wenn Sie sich für einen Welpen entschieden haben, beobachten Sie den Hund getrennt von seinen Geschwistern. Locken Sie ihn mit leiser Stimme, gehen Sie dabei in die Hocke. Wenn der Hund fröhlich auf Sie zuspringt, ist er vermutlich ein ganz normaler kleiner Kerl. Verhält er sich jedoch skeptisch, weicht vor Ihnen zurück oder verkriecht sich, wirft er sich auf den Rücken, winselt er, wenn Sie die Hand heben, dann hat er schlechte oder keine Erfahrungen mit Menschen gemacht. Das muß nicht heißen, daß dieser Hund fürs Leben geschädigt ist. Sie müssen ihn nur sehr liebevoll behandeln, dann wird er schnell Vertrauen fassen und sich zu einem lieben, dankbaren Hund entwickeln.

### Gesundheit
Ein gesunder Welpe hat ein kleines Bäuchlein, klare Augen und glänzendes Fell. Leider sind gerade Mischlinge nicht immer gut gehalten und es kann vorkommen, daß Sie einen Wurf vernachlässigter Hunde vorfinden. Tränende, eitrige Augen, Wunden am Körper, mattes Fell – all das sollte Sie nicht davon abhalten, so einen Hund zu nehmen. Mit etwas Liebe und Pflege wird aus diesem armen Wesen ein Prachtstück. Wegen der Impfung müssen Sie sowieso zum Tierarzt. Sie können sich dort gleich Rat holen, wie Sie den Kleinen aufpäppeln.

3| Schreckt der Welpe vor Ihnen zurück, brauchen Sie viel Geduld.

# Ohne Herr und Heim – der Findelhund

Tausende von Hunden werden in Deutschland alljährlich ausgesetzt – eine wahrhaft beschämende Anzahl. Daß die Mehrheit von ihnen Mischlinge sind, wirft ebenfalls kein gutes Licht auf die Nation, aber es entspricht unserem materialistischen Denken: Bevor man einen »Tausendmarkschein auf vier Beinen« an der Autobahn »vergißt«, versucht man ihn zu verkaufen oder man investiert in die Hundepension. Der Mischling hat keinen Handelswert, und so wirft man ihn weg, wenn er stört und der Urlaub gebucht ist. Sofern sie nicht überfahren oder vom Jäger erschossen werden, landen die meisten dieser ausgesetzten Hunde in Tierheimen, wo sie dann auf Vermittlung warten.
So unvollkommen diese Lösung scheinen mag, sie ist doch immer noch besser als das, was man in südlichen Ländern erlebt: Die vielen herrenlosen Hunde, kranke, arme Geschöpfe – da bricht jedem Tierfreund das Herz.
Was Sie tun können und sollen, wenn Sie entweder im Inland oder im Ausland einen Hund finden, der offensichtlich herrenlos ist, erfahren Sie in diesem Kapitel.

**Hund gefunden! Die rechtliche Situation im Inland**
Egal, wo Sie den herrenlosen Hund finden: Ob er an der Autobahnraststätte angebunden und offensichtlich ausgesetzt worden ist, oder ob er Ihnen im Park nachläuft – einfach behalten dürfen Sie ihn nicht, auch wenn Sie glauben, daß er es bei Ihnen besser hat. Sie müssen den Fund melden. Wenn Sie das nicht tun und den Hund einfach zu sich nehmen, begehen Sie eine »Fundunterschlagung«. Nicht nur das: Sie machen vielleicht auch einen Menschen oder eine Familie mit Kindern sehr unglücklich. Denn wenn der Hund entlaufen ist, sucht ihn sein Besitzer sicherlich verzweifelt.
Sie können die Polizei informieren oder das nächste Tierheim. Am besten liefern Sie das Tier gleich im Tierheim ab. Dort wird sich der Besitzer melden, der seinen Liebling vermißt. Wenn der Hund tätowiert ist, versuchen die Mitarbeiter des Tierheims herauszufinden, wo er hingehört. Wenn sich innerhalb von wenigen Tagen kein Besitzer gemeldet hat, wird man Ihnen erlauben, den Hund mitzunehmen. Im streng juristischen Sinn gehört er Ihnen allerdings erst nach einem halben Jahr, sofern sich in diesem Zeitraum der Besitzer nicht gemeldet hat.
Ein Mensch, der Interesse an seinem Tier hat, stellt erfahrungsgemäß gleich in der ersten Woche Nachforschungen an, nur in Ausnahmefällen (bei Krankheit oder Abwesenheit des Besitzers) kann es länger dauern. Sollte der Besitzer binnen der Halb-Jahres-Frist auftauchen und seinen Hund zurückfordern, muß er Ihnen alle Kosten erstatten, die Sie in der Zeit hatten, in der der Hund bei Ihnen lebte (Futter, Tierarzt, Suchanzeigen).

*Die Mischlingshündin La Jita kam gleich trächtig von den Kanarischen Inseln nach München. Dies ist eines ihrer 9 Kinder.*

*Immer auf der Suche nach Eßbarem – herrenlose Hunde am Strand einer griechischen Insel.*

**Herrenlose Hunde im Ausland**
Die Bewohner südlicher Länder haben eine ganz andere Einstellung zu Tieren als Mittel- oder Nordeuropäer. Das hat teils religiöse Gründe, teils beruht es auch darauf, daß diese Länder ökonomisch nicht so gut gestellt sind wie wir und sich unsere Fürsorge nicht leisten können. Und nicht zuletzt ist es einfach eine Mentalitätssache. Nord- und Mitteleuropäer haben ein emotionaleres Verhältnis zu ihren Haustieren als Südländer. Und deswegen geht uns das Hundeelend, dem wir bei einem Urlaub in den Mittelmeerländern immer wieder begegnen, so an die Nieren. Und wenn sich uns dann noch so ein armer Hund anschließt, jeden Morgen am Strand oder vor dem Zelt wartet, zum treuen, freundlichen Begleiter in der ganzen Urlaubszeit wird – was soll man tun, wenn man wieder abreisen muß? Den Hund einfach zurücklassen, dort, wo er vielleicht erschlagen, vergast oder vergiftet wird, wenn die Touristensaison vorbei ist?

*Tätowierung schützt! Ein entlaufener oder gestohlener Hund kann schnell identifiziert und seinem Besitzer zurückgebracht werden.*

### Wichtige Vorüberlegung!

Es hat keinen Sinn, das Tier mitzunehmen, um es hier in ein Tierheim zu stecken. Damit exportieren Sie die Probleme nur und überlasten die hiesigen Tierheime, die mit den von uns ausgesetzten und abgegebenen Hunden schon Probleme genug haben.

Nehmen Sie den Hund nur dann mit, wenn Sie ihn selbst behalten können oder wenn Sie sicher wissen, daß jemand aus dem Freundes- oder Bekanntenkreis den Hund nehmen wird.

### So können Sie dem Tier in seinem Heimatland helfen

In vielen südeuropäischen Ländern gibt es Tierschutzorganisationen, die sich auch um herrenlose und verelendete Hunde kümmern. Sie werden sehr oft von Deutschen geleitet, so daß Sie in der Regel keine Angst vor Sprachproblemen haben müssen, wenn Sie sich mit einer der Stellen in Verbindung setzen (→ Adressen, Seite 95). Diese Organisationen bemühen sich, Tiere an Touristen oder dort im Land zu vermitteln, sie führen Kastrationsaktionen durch, um damit die Population der herrenlosen Hunde zu verringern. Sie bemühen sich auch, die Einstellung der Einheimischen zu ihren Haustieren zu verändern und das Los der Tiere zu erleichtern, indem sie zum Beispiel die Laufleinen der Ket-tenhunde verlängern. Wenn Sie einen Hund finden, der Hilfe braucht, können Sie ihn dort abgeben. Vergessen Sie aber bitte nicht, daß diese Organisationen ohne Geld nichts tun können. Hinterlassen Sie also nicht nur den Hund, sondern auch eine Spende. Wenn es Ihnen nicht um einen speziellen Hund geht, sondern um die Sache selbst, sollten Sie sich die jeweilige Organisation ansehen und entscheiden, ob Sie sie unterstützen wollen.

### Wenn Sie den Hund mit nach Hause nehmen wollen

Wenn Sie wissen, daß der Hund gut unterkommt, ist es sicher die richtige Entscheidung, das Tier mit nach Hause zu nehmen. Ihre vierbeinige Urlaubsliebe wird Sie kaum enttäuschen. Hunde, die bislang noch keine Zuwendung von Menschen kannten, sind meist dankbare Geschöpfe, lieb und treu. Außerdem hatten Sie Zeit, den Hund kennenzulernen und zu beobachten. Sie können sich also ein Bild von seinem Charakter machen. Und noch ein großes Plus: Der Hund, der Ihnen nachläuft, hat sich »seinen« Menschen ausgesucht und das sind Sie. Er weiß, daß er Sie riechen kann und mag – was für eine bessere Voraussetzung für eine Freundschaft könnte es geben? Bevor es soweit ist, daß der Hund »auswandern« kann, gilt es jedoch noch einige Dinge zu erledigen.

### Der Weg zum Tierarzt

Tierärzte gibt es überall. Wenn Sie ein bißchen herumfragen, werden Sie sicher in der Nähe ihres Urlaubsortes einen Arzt finden.

<u>Tollwutimpfung:</u> Ein Hund, der nach Deutschland, Österreich oder in die Schweiz eingeführt werden soll, muß gegen Tollwut geimpft sein, sofern er über 3 Monate alt ist. Diese Impfung muß mindestens 30 Tage vor dem Grenzübertritt durchgeführt worden sein. Wenn Sie diese Frist nicht einhalten können, sprechen Sie mit dem Tierarzt. Er wird Ihnen sicher helfen können. Das Dokument, das Sie für den Grenzübertritt brauchen, ist der Internationale Impfpaß.

<u>Entwurmung:</u> Mit der Impfung sollte auch gleich die Entwurmung vorgenommen werden.

<u>Ungeziefer:</u> 99,9 % aller herrenlosen Hunde haben Flöhe, Läuse oder andere Parasiten. Lösen Sie dieses Problem,

bevor Sie den Hund ins Auto packen – einige dieser Parasiten gehen auch auf den Menschen! Lassen Sie sich vom Tierarzt entsprechende Mittel geben.

<u>Hautsymptome:</u> Viele herrenlose Hunde leiden unter der Räude. Sie kratzen sich unentwegt, haben haarlose Stellen und krustige Ekzeme; in heißen Ländern infizieren sich die Wunden leicht. Die Verursacher der Räude sind Milben, die in den oberen Hautschichten leben. Sie sind zum Teil auch auf den Menschen übertragbar. Manche Formen der Räude sind nicht heilbar und führen unter Umständen zu lebenslangen Problemen. Hautsymptome – Juckreiz mit gelegentlich krustig aufbrechenden Ekzemen – können, wenn sie mit Mattigkeit einhergehen, auch ein Anzeichen sein, daß der Hund unter Leischmaniose oder Babesiose leidet. Das sind für den Mittelmeerraum typische Krankheiten, die durch Blutparasiten verursacht werden. Sie sind schwer heilbar, führen auch zu Allgemeinerkrankungen und treten in Phasen von Monaten immer wieder auf. Sollte eine dieser Erkrankungen vorliegen, müssen Sie wissen, daß Sie unter Umständen lebenslange Probleme mit so einem Hund haben.

<u>Wichtig:</u> Außer wenn es sich bei Ihrem Adoptivkind um einen Welpen handelt, müssen Sie den Hund, bevor Sie ihn aus seiner gewohnten Umgebung entfernen – das heißt, ihn ins Auto packen, zum Tierarzt oder zum Flugzeug bringen – unbedingt an die Leine legen, notfalls tut es auch ein Strick und ein Ledergürtel. Bedenken Sie, für das Tier ist alles noch ungewohnt. Die Gefahr ist groß, daß der Hund davonläuft.

*Ein verwahrloster Hund ist ein trauriger Anblick: Abgemagert bis auf die Knochen, stumpfes, schütteres Fell, manchmal sind Wunden und Narben zu sehen. Solch ein Geschöpf muß mit viel Liebe aufgepäppelt werden.*

**Der Transport**
Egal mit welchem Verkehrsmittel Sie reisen – der Transport bedeutet für den Hund riesigen Stress.

<u>Mit dem Auto:</u> Wenn der Hund im Auto unruhig ist, sollte sich ein Familienmitglied zu ihm setzen und ihm gut zureden. Vielleicht geht vor Aufregung auch mal was daneben, schimpfen und strafen Sie dann nicht. Planen Sie regelmäßige Pausen ein und lassen Sie den Hund dabei um keinen Preis von der Leine. Er mag am Strand noch so lieb gefolgt haben, in dieser neuen Situation ist er unberechenbar.

<u>Mit dem Flugzeug:</u> Die IATA-Vorschriften, die auch den Tiertransport im Flugzeug regeln, schreiben vor, daß kleine Hunde (meist bis zu 8 kg Körpergewicht) im Passagierraum, große Hunde im Frachtraum zu befördern sind. Im Passagierraum darf immer nur ein Hund mitreisen, melden Sie Ihren vierbeinigen Passagier deshalb rechtzeitig an. Wenn der Hund in den Frachtraum muß, erkundigen Sie sich unbedingt, ob dort Druckausgleich herrscht. Bei großen Maschinen ist das zwar selbstverständlich, bei kleinen haben Sie jedoch nicht immer die Garantie, daß der Frachtraum so beschaffen ist, daß

*Neugier kennt keine Grenzen! Aber: Im Straßenverkehr gehören Hunde an die Leine.*

Ihr Hund dort lebend wieder herauskommt. Sollte die Maschine keinen geeigneten Frachtraum haben, müssen Sie den Weg zum internationalen Flughafen mit dem Leihauto, Bus oder Schiff zurücklegen, um mit einer großen Maschine zurückzufliegen. Boxen, die für den Transport von Hunden über 8 kg vorgeschrieben sind, werden von der Fluggesellschaft verkauft. Es gibt sie in mindestens drei Größen. Sie kosten zwischen 75 und 300 DM. Die Kosten für den Transport sind meist vom Körpergewicht des Hundes abhängig und betragen etwa 1% des 1.-Klasse-Flugpreises pro Kilo Körpergewicht. Da fast alle Fluggesellschaften unterschiedliche Preise und Transportbedingungen haben, empfiehlt es sich, rechtzeitig vor dem Abflug mit der Fluggesellschaft zu sprechen, um verbindliche Hinweise und Preise zu erhalten.

Wichtig: Wenn der Hund in einer Transportbox reisen muß, beachten Sie unbedingt folgendes:
- Legen Sie eine Decke in die Kiste.
- Sichern Sie die Tür der Box zusätzlich mit einem Draht oder Schloß, damit sie nicht aufspringt.
- Bringen Sie ein Schild an der Tür an: »Don't open before Master comes«. Es gibt immer wieder freundliche Menschen, die dem Tier beim Umladen Wasser geben wollen, und dann ist der Hund weg!
- Begleiten Sie den Hund beim Einladen ins Flugzeug so weit sie können – ein gutes Trinkgeld macht oft vieles möglich. Bitten Sie die Verantwortlichen darum, die Box so zu plazieren, daß der Hund ausreichend Luft bekommt.
- Vorsicht beim Öffnen der Box: Der Hund ist nach dieser Reise völlig gestreßt, die Gefahr, daß er davonläuft, ist groß. Öffnen Sie Tür nur ein bißchen, halten Sie das Tier fest am Halsband und leinen Sie es an.

**Eingewöhnung im neuen Zuhause**
Auch für den Findelhund gilt all das, was Sie über Eingewöhnung und Erziehung von Hunden wissen müssen (→ Seiten 22 bis 29).
Grundsätzliche Tips zur Pflege entnehmen Sie den Seiten 36 bis 39.
Verfilzungen: Das Fell von Findelhunden ist oft schlimm verfilzt. Lösen Sie verfilzte Haare behutsam mit den Fingern auf. Wenn Sie sie herausschneiden müssen, gehen Sie mit größter Vorsicht vor: Wenn Sie die Haut hochziehen und einfach hineinschneiden, besteht die Gefahr, daß Sie Ihrem Hund in die Haut schneiden. Fahren Sie daher zuerst mit dem stumpfen Schenkel der Schere durch die verfilzten Haare. Versichern Sie sich, daß wirklich nur Fell zwischen den Schenkeln der Schere liegt, bevor Sie schneiden.
Wichtig: Wenn Sie einen Hund bei sich aufnehmen, der schlimme Verfilzungen hat, lassen Sie ihn vom Tierarzt begutachten. Unter den verfilzten Stellen können sich Ekzeme gebildet haben. Um sie zu behandeln, muß man den Hund scheren. Gerade verwilderte Hunde, die nicht an Menschen gewöhnt sind, lassen sich das oft nur in Narkose gefallen. Geht mit der Verfilzung kein medizinisches Problem einher, sollten Sie abwarten, bis der Hund sich eingewöhnt hat, bevor Sie ihn mit der Bürste quälen oder ihn scheren lassen.

*So hält man kleine Welpen richtig: Eine Hand greift unter den Brustkorb, die andere stützt das Hinterteil.*

# Lernen und Teil der Familie werden

**V**or allem der erwachsene Hund, der bei Ihnen ein neues Zuhause findet, braucht Zeit zur Eingewöhnung. Erleichtern Sie es ihm, indem Sie in der ersten Zeit alle Aufregungen vermeiden und den Tagesablauf des Hundes klar strukturieren.

Da ist er nun, der Hund. Noch scheu in der fremden Umgebung oder schon neugierig und frech – ein neuer Hausgenosse, dem Sie helfen müssen, sich bei Ihnen wohlzufühlen.

## Die Zeit der Eingewöhnung

Lassen Sie dem Hund Zeit, sich an seine neue Umgebung zu gewöhnen. Zeigen Sie ihm die Wohnung, das Haus oder den Garten, lassen Sie ihn alles beschnüffeln. Nachdem er sich in seinem neuen Zuhause umgesehen hat, wird er vielleicht etwas fressen und trinken und dann schlafen, um den aufregenden Tag zu verdauen.

<u>Der Hundeplatz:</u> Jeder Hund braucht einen Platz, auf den er sich ungestört zurückziehen kann. Hunde liegen gerne unter dem Tisch oder einer Bank, dort fühlen sie sich geschützt. Weisen Sie dem Hund am ersten Tag ein Eckchen zu, lassen Sie ihm aber dann die Möglichkeit, sich einen oder mehrere Lieblingsplätze selbst auszusuchen und bereiten Sie dort sein Lager. Ob Sie ihm einen Korb, eine Decke oder eine Kiste anbieten, ist Ihre Entscheidung. Die Decke hat den Vorteil, daß Sie sie leichter auf Reisen mitnehmen können. Auch ob Sie den Hund mit ins Bett nehmen oder nicht, müssen Sie selbst entscheiden. Dagegen sprechen weniger medizinisch-hygienische als ästhetische Gründe. Nur soviel sollten Sie wissen: Wenn Sie den kleinen Welpen in der ersten Zeit nachts mit ins Bett nehmen, um ihn zu trösten, wird er auch später als ausgewachsener Hund dort liegen wollen. Der Hund sollte jedoch einen Platz im Schlafzimmer haben. Gerade wenn er tagsüber viel allein ist, sucht er abends und nachts verstärkt Anschluß an den Menschen, sein »Rudel«.

## Schwierigkeiten bei der Eingewöhnung

Es ist traurig, aber wahr: Gerade Mischlinge wachsen nicht immer unter idealen Bedingungen auf und werden oft herumgeschoben. So bringen sie manchmal negative Erfahrungen mit, die der neue Besitzer ausgleichen muß.

<u>Probleme des Welpen</u>
Mit Liebe und Fürsorge läßt sich aus fast jedem Welpen ein normaler Hund machen. Kleine Hunde sind lernfähig und so vertrauensselig, daß sie schlechte Erfahrungen schnell vergessen, wenn sie in gute Hände kommen.

<u>Zu früh von der Mutter weg:</u> Für die körperliche und seelische Entwicklung des Welpen ist es wichtig, daß er mindestens die ersten 8 Wochen bei seiner Mutter und seinen Geschwistern bleibt. Sollten Sie ein Hundebaby bekommen, das unter 4 Wochen alt und noch in der Saugphase ist, müssen Sie das Kleine mit der Flasche großziehen. Besorgen Sie sich im Zoofachhandel oder beim Tierarzt ein geeignetes Trockenmilchpräparat und machen Sie sich auf großen Streß gefaßt: Der Kleine braucht alle 3 bis 4 Stunden Nahrung, auch in der Nacht. Außerdem müssen Sie eine Wärmelampe über seinem Plätzchen installieren (→ Seite 55). Ab der 5. Woche können Sie eine Mischung aus Trockenmilch und Brei zufüttern (→ Seite 32).

Ein Welpe, der mit der Flasche aufgezogen wird, ist ganz stark auf den Menschen fixiert. Ihm fehlen die Geschwister, er hat nicht gelernt, mit anderen Hunden umzugehen. Das müssen Sie ausgleichen, indem Sie ihm so bald wie möglich Gelegenheit geben, Kontakt mit anderen Hunden aufzunehmen und damit hündisches Verhalten zu lernen.

<u>Ohne Kontakt mit Menschen aufgewachsen:</u> Wenn der Welpe ohne Menschenkontakt aufwächst, ist er nicht, wie oft behauptet wird, für sein Leben verdorben. Der Verhaltensforscher Erik Zimen hat Versuche angestellt und kam »zu dem Schluß, daß der Hund im Prinzip sein Leben lang zur Sozialisation mit Menschen fähig ist, wobei die optimale Zeit allerdings zwischen der 4. und der 15. Lebenswoche liegt.«

<u>Probleme des erwachsenen Hundes</u>
Mit Geduld, Liebe, Ruhe und Konsequenz gewöhnen Sie einen erwachsenen Hund an sein neues Heim. In die neue Umgebung verpflanzt, reagiert der Hund oft unruhig, er sucht seinen alten Besitzer und es besteht die Gefahr, daß er davonläuft. Beachten Sie folgendes:
• Vermitteln Sie in den ersten Wochen Ruhe und Sicherheit, indem sie Ihren Tagesablauf strukturieren und dem Hund einen geregelten Rhythmus bieten. Spaziergangs- und Fütterungszeiten sollen am Anfang pedantisch genau eingehalten werden.
• Vermeiden Sie Stress, zum Beispiel lange Autofahrten oder Besuch bei fremden Leuten. Wenn der Hund sich sicher fühlt und weiß, welche Regeln in dem neuen »Rudel« gelten, können Sie ihm mehr zumuten.
• Beobachten Sie den Hund: In welchen Situationen reagiert er unruhig? Was für Geräusche machen ihm Angst? Ist er verkehrssicher? Hat er gelernt, in öffentlichen Verkehrsmitteln zu fahren?
• Versuchen Sie herauszufinden, auf welche Befehle der Hund hört. Experimentieren Sie mit verschiedenen Worten: Kennt er den Befehl »platz« oder »sitz«, »warten« oder »hier«? Wenn er nicht reagiert, führen Sie Ihre Befehle ein. Bleiben Sie konsequent bei einem Wort und führen Sie einen Begriff nach dem anderen ein (→ auch Praxis-Seiten 26 und 27).
• Führen Sie den Hund am Anfang immer an der Leine. Lassen Sie ihn erst laufen, wenn er Sie kennt und Ihnen vertraut und Sie sicher sein können, daß er nicht wegläuft.
Wenn der Hund aus dem Tierheim kommt, versuchen Sie in Erfahrung zu bringen, unter welchen Bedingungen er vorher gelebt hat. Bestimmte Probleme ergeben sich oft aus der Situation, in der der Hund vorher war. Hier einige Beispiele:
<u>Zwingerhunde:</u> Einen Hund, der sein Leben lang nur im Zwinger gehalten wurde, zum normalen Familienhund zu erziehen, ist eine sehr schwierige Aufgabe. Nur wer sehr viel Erfahrung mit Hunden hat, sollte sich dies zumuten. Ein Tier, das auf engstem Raum hinter Gittern lebt, muß aggressiv werden.

*Jeder Hund braucht einen ungestörten Platz, der nur ihm gehört. Dies kann ein Korb, eine Decke oder eine Matratze sein.*

*Und ist das Spielzeug noch so widerborstig ...*

Viele dieser Hunde, die zum Beispiel tagsüber im Zwinger sind und nachts als Wachhunde eingesetzt werden, haben überhaupt keine Beziehung zum Menschen. So einen Hund zu »therapieren«, übersteigt das Vermögen eines normalen Hundehalters.

Anders liegt der Fall, wenn der Hund vorübergehend – zum Beispiel während eines Tierheimaufenthalts – im Zwinger gehalten wurde. Dann können in der Anfangszeit zwar auch Probleme auftreten, mit Geduld und Zuwendung können Sie den Hund aber durchaus zum normalen Familienmitglied erziehen.

Es kann sein, daß der Hund nicht stubenrein ist, da es im Zwinger keinen getrennten Bereich gibt, wo er sein Geschäft erledigen kann. Führen Sie den Hund viel und regelmäßig aus und loben Sie ihn, wenn er sein Geschäft korrekt erledigt. Sind Sie dabei, wenn er in die Wohnung macht, reagieren Sie mit einem scharfen »pfui«.

Zwingerhunde haben einen großen Bewegungsdrang und gebärden sich an der Leine oft aggressiv, weil sie gewohnt sind, alles anzukläffen, was sich vor dem Zwinger bewegt. Diese Aggression legt sich aber, wenn der Hund sich frei bewegen und Kontakt mit Menschen und anderen Tieren aufnehmen kann.

<u>Kettenhunde</u> gebärden sich an ihren Laufleinen meist noch aggressiver als Hunde im Zwinger. Da sie meist im Wohnbereich als Wachhunde gehalten werden, sind sie eher an Menschen gewöhnt als reine Zwingerhunde und sehr dankbar, wenn sie laufen und sich frei bewegen dürfen.

<u>Versuchshunde:</u> Immer wieder kommt es vor, daß Hunde aus Labors befreit werden und auf einen guten Platz warten. Diese Hunde sind meistens umgängliche, dankbare Geschöpfe, die den Kontakt mit Menschen gewohnt sind. Erstaunlicherweise sind sie nicht böse, wie man aufgrund ihrer schlechten Erfahrung vermuten könnte. Je nachdem, was für Versuche an ihnen durchgeführt wurden, kann es allerdings sein, daß als Spätfolge Krankheiten auftreten.

<u>Verwilderte Hunde:</u> Herrenlose Hunde, die sich den Menschen anschließen, sind freundliche, dankbare Geschöpfe. Da sie es gewohnt waren, sich selbst zu ernähren, tendieren manche dazu, alles zu fressen, was sie finden. Und das können Sie ihnen leider meist nicht mehr abgewöhnen.

**Probleme durch Fehlerziehung**

Viele Hunde, vor allem Rüden, werden abgegeben, weil ihre Besitzer nicht mit ihnen fertig werden, sie nicht erziehen können. So einen fehlerzogenen Hund kann man umziehen, auch wenn er schon erwachsen ist. Dazu braucht man Geduld, Liebe, Konsequenz und vor allem Erfahrung. Und man muß dem Hund zeigen, daß man selbst die Autorität »im Rudel« ist.

Wenn Sie einen Mischlingshund zu sich nehmen und merken, daß Sie mit ihm nicht fertig werden, gibt es die Möglichkeit, mit ihm eine Hundeschule zu besuchen. Es gibt Schulen, die sich auf den Umgang mit falsch erzogenen Hunden spezialisiert haben. In den Großstädten haben sich auch schon Hundepsychologen niedergelassen, die Ihnen helfen, das Tier richtig anzupacken. Hier ein paar Beispiele, wie Sie mit Fehlverhalten umgehen können.

Der Hund wildert: In diesem Fall gehört er überall dort, wo Wild sein könnte, an die Leine. Denn den Jagdtrieb werden Sie ihm nicht abgewöhnen. Und der Jäger darf einen Hund, der in seinem Revier auf der Suche nach Wild umherstreift, erschießen.

Der Hund ist nicht verkehrssicher: Ein Hund, der im Straßenverkehr Angst zeigt und dadurch zu Panikreaktionen neigt oder einfach über die Straße läuft, muß an die Leine. Führen Sie ihn auf der dem Verkehr abgewandten Seite durch die Stadt und sprechen Sie beruhigend auf ihn ein, wenn er Angst zeigt.

Der Hund folgt nicht auf Zuruf: Üben Sie immer wieder mit dem Hund, anfangs in einer Umgebung, in der er nicht weglaufen kann, zum Beispiel im Garten. Loben Sie ihn, wenn er folgt, verbinden Sie das Nichtfolgen mit einer unangenehmen Erfahrung, zum Beispiel, indem Sie ihn am Nacken packen und kurz schütteln. Viele Hunde reagieren

*... mit spitzen Zähnchen läßt sich fast alles bearbeiten.*

auf keinen Zuruf mehr, sobald sie eine gewisse Entfernung vom Menschen erreicht haben. Da hilft es, ihnen etwas nachzuwerfen, was sie trifft, aber nicht verletzt, zum Beispiel einen Tennisball. Es gibt ihnen das Gefühl: »Ich bin immer noch in seiner Gewalt.«

Der Hund zieht an der Leine: Wie Sie ihm diese weit verbreitete, lästige Angewohnheit abgewöhnen, erfahren Sie auf Praxis-Seite 27.

# PRAXIS
## Hundeerziehung

### Grundregeln der Hundeerziehung

• Beginnen Sie mit der Erziehung, sobald der Hund ins Haus kommt. Stubenreinheit ist das erste Erziehungsziel (→ Seite 28). Die übrigen Übungen sind erst sinnvoll, wenn der Hund 3 Monate alt ist. Am gelehrigsten sind Hunde zwischen dem 4. und 6. Lebensmonat. Aber auch erwachsene Hunde sind erziehbar.

• Unerlaubtes Tun können Sie allein schon dadurch unterbinden, daß Sie mit strenger Stimme ein Kommando wie »nein« oder »pfui« geben. Strafen Sie den Hund nur unmittelbar nach der Tat, aber schlagen Sie ihn nicht. Die hundegerechte Strafe ist, ihn am Nacken zu packen und kurz zu schütteln.

• Bringen Sie Ihrem Hund nicht zuviel auf einmal bei und überfordern Sie ihn nicht.

• Benützen Sie immer dieselben Kommandos und bauen Sie jede Übung gleich auf.

• Führen Sie auch zum Spiel anregende Kommandos ein, wie

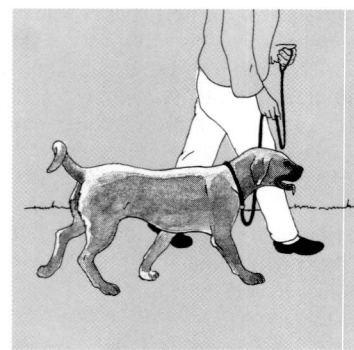

2| *Richtig an der Leine gehen: Der Hund läuft dabei neben Ihnen. Geht er rechts von Ihnen, müssen Sie die Leinenschlaufe mit der linken Hand halten.*

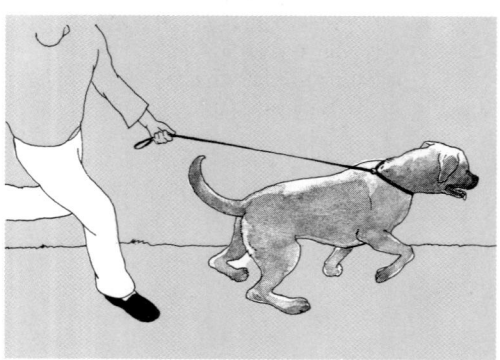

1| *Sobald der Hund an der Leine zieht, müssen Sie ihn mit einem kurzen, kräftigen Ruck zurückziehen.*

• Es geht nicht ohne Geduld, Liebe und Konsequenz. Es geht aber auch nicht ohne Autorität, die darin bestehen soll, daß Sie sich Ihrer Überlegenheit bewußt sind und konsequent auf der Befolgung Ihres Willens bestehen. Der Hund gehorcht im Konfliktfall nur, wenn er Sie als Rudelführer akzeptiert hat.

• Loben Sie Ihren Hund sooft Sie können mit freundlicher Stimme.

»lauf« oder »bring den Stock«.

• Bleiben Sie konsequent. Ist heute dies erlaubt und morgen das, findet sich kein Hund zurecht.

• Oft liegt es an Ihnen, wenn eine Übung nicht klappt. Beobachten Sie Ihr eigenes Verhalten kritisch, vor allem Ihre Bewegungen. Manchmal gibt man mit dem Körper andere Signale als mit der Stimme.

### Die Übung »an der Leine gehen«
Zeichnung 1 und 2

<u>Die Leinenführung:</u> Richtig – das heißt ohne zu ziehen – an der Leine zu gehen ist eine der wichtigsten »Kulturtechniken«, die der Hund beherrschen muß. Der Hund geht dabei neben Ihnen. Ob Sie ihn auf der linken oder rechten Seite führen, hängt von der jeweiligen Verkehrssituation ab: Nehmen Sie den Hund auf die verkehrsabgewandte Seite. Läuft er links, halten Sie die Leinenschlaufe mit der rechten Hand. Mit der linken Hand greifen Sie so in die Leine, daß Sie dem Hund damit Kommandos geben können.

<u>Den Welpen an die Leine gewöhnen:</u> Ganz kleine Hunde brauchen noch keine Leine: Bis zum Alter von etwa 3 Monaten bleiben sie so nahe bei »ihren« Menschen, daß die Gefahr, den Welpen zu treten, größer ist als die, daß er davonläuft. Gewöh-

nen Sie den Kleinen aber schon im Alter von 8 bis 10 Wochen an das Halsband, indem Sie es ihm ab und zu daheim anlegen. Beschränken Sie die Übungen mit der Leine auf 5 bis 10 Minuten, üben Sie mehrmals am Tag: Leinen Sie den Welpen an und gehen Sie mit ihm spazieren. Gehen Sie langsam, locken Sie ihn, wenn er stehenbleibt und loben Sie ihn, wenn er brav neben Ihnen geht. Zieht er, reagieren Sie sofort mit einem kurzen Ruck an der Leine.
Den erwachsenen Hund umziehen: Einen erwachsenen Hund, der an der Leine zieht, erziehen Sie folgendermaßen um: Legen Sie ihm ein normales Halsband um – mit einem Stachelhalsband oder einem Zugband würgen oder verletzen Sie ihn. Gehen Sie flott mit ihm spazieren und achten Sie darauf, daß er ungefähr neben Ihnen läuft. Sobald er zieht, holen Sie ihn mit einem harten Ruck zurück und lassen die Leine sofort wieder los. Das Kommando dazu lautet »bei Fuß«.

### Die Übung »sitz«
Zeichnung 3
Sprechen Sie den Befehl »sitz« klar und bestimmt aus und drücken Sie den Hund mit der flachen Hand oberhalb des Beckens nach unten. Beim Welpen müssen Sie geduldig vorgehen, den erwachsenen Hund dürfen Sie entschiedener anfassen. Man kann von ihm auch erwarten, daß er ein paar Minuten sitzenbleibt, während der Welpe schon gelobt werden muß, wenn er nur für einige Sekunden in dieser Stellung verharrt.

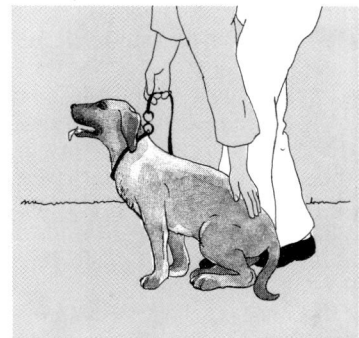

3| Den Hund oberhalb des Beckens nach unten drücken.

### Die Übung »komm her«
Ein Hund, der nicht auf Zuruf folgt, führt ein wahres Hundeleben, denn er kann nie ohne Leine laufen. Fangen Sie also mit dem Welpen sofort an zu üben: Setzen Sie sich auf den Boden und locken Sie ihn mit immer demselben Befehl »komm her« oder »hier«. Im Park können Sie den Kleinen ruhig laufen lassen. Er wird sich nicht weit von Ihnen entfernen. Rufen Sie ihn immer wieder, loben Sie ihn, wenn er angetapst kommt.

Mit einem erwachsenen Hund, der nicht auf Zuruf folgt, sollten Sie nur in einer Umgebung üben, in der er nicht weglaufen kann (→ auch Seite 25).

### Die Übung »alleine bleiben«
Zeichnung 4
Gehen Sie mit dem Hund in ein Zimmer, geben Sie ihm das Kommando »warten« oder »bleib« und gehen Sie hinaus. Warten Sie ein paar Minuten still vor der geschlossenen Tür. Reagieren Sie dort mit »pfui« oder »aus«, wenn der Hund winselt oder kratzt. Gehen Sie erst hinein, wenn der Hund ruhig ist, sonst lernt er das Falsche, nämlich: »Mit Winseln oder Kratzen bringe ich meinen Menschen zurück.« Loben Sie ihn, wenn er sich ruhig verhalten hat.
Im Park oder im Garten können Sie die Übung steigern, so daß der Hund auf Kommando »sitz und bleib« oder »sitz und warten« so lange sitzenbleibt, bis er gerufen wird.

4| Wenn Sie sich entfernen, soll der Hund sitzenbleiben, bis Sie ihn rufen.

*Nach Mäusen und Maulwürfen zu graben macht Spaß!*

**Fahrplan Stubenreinheit**
Die erste und dringlichste Erziehungsmaßnahme ist, den Welpen sauber zu kriegen. Dazu braucht man Zeit, man muß sich intensiv um ihn kümmern und sollte in den ersten 2 bis 3 Wochen das Ziel Stubenreinheit sehr konsequent verfolgen.
• Welpen kann man schon zur Stubenreinheit erziehen, während sie noch bei der Mutter sind. Man legt ihnen eine Zeitung in ein Eck und schiebt sie dort hin, sobald man sieht, daß sie müssen. Erkundigen Sie sich, wenn sie den Welpen abholen, ob er daran gewöhnt ist, auf eine Zeitung zu machen.
• Ein kleiner Hund muß immer dann, wenn er aufwacht oder nachdem er gegessen hat. Wenn Sie einen Garten haben, führen Sie ihn sofort nach dem Fressen oder dem Aufwachen hinaus und zwar immer an dieselbe Stelle. Loben Sie ihn, wenn er sein Geschäft erledigt hat.
Wenn Sie in einer Etagenwohnung leben, legen Sie eine Zeitung aus und setzen Sie den Hund dorthin. Es hat keinen Sinn, einen kleinen Welpen zu packen und mit ihm über vier Stockwerke hinunter auf die Straße zu rennen. So lange hält er es nicht aus, er pieselt auf die Treppe und lernt nichts dabei. Besser sofort auf die Zeitung und loben, wenn es geklappt hat. Zusätzlich gehen Sie regelmäßig mit ihm nach unten. Nehmen Sie die Zeitung mit, legen Sie sie auf einen Grasflecken und loben Sie den Hund, wenn er etwas macht.
• Regelmäßig ausführen – in den ersten Tagen alle 2 bis 3 Stunden – ist das A und O. Der Welpe muß lernen, daß er in ganz bestimmten Abständen hinauskommt und dort sehr gelobt wird, wenn er sein Geschäft erledigt.
• Auch nachts müssen Sie wachsam sein. Stellen Sie eine Kiste neben Ihr Bett, aus der der Welpe nicht herausklettern kann. Er wird fiepen, wenn er muß – sein eigenes Lager will er nicht beschmutzen.
• Verlieren Sie nicht die Nerven, wenn was daneben geht und die kleinen Lacken oder Würstchen den Teppich verzieren. Putzen Sie es mit einem scharf riechenden Mittel weg (Essigwasser oder Salmiak), damit der Hund nicht wieder an denselben Platz geht.
• Ein scharfes »pfui« oder »aus« oder ein leichter Klaps mit Nackenschütteln haben nur dann Zweck, wenn sie unmittelbar auf die Missetat folgen.

Schlagen, brüllen oder mit der Nase hineinstoßen ist völlig unsinnig. Der Hund wird nur verunsichert und ängstlich, und der Lernprozeß verzögert sich. Verstärken Sie durch Lob das Verhalten, das Sie fördern wollen.

**Der Alltag mit dem Hund**

Spazierengehen: Wieviel Auslauf der Hund braucht, hängt von seiner Größe, seinem Alter und seiner persönlichen Konstitution ab: Jagd- oder Windhundmischlinge müssen 2 bis 3 Stunden pro Tag rennen! Kleine und mittlere Hunde sind ausgelastet, wenn Sie 1 bis 2 Stunden mit ihnen spazierengehen. Auch wenn Sie einen Garten haben, dürfen Sie auf den Spaziergang nicht verzichten. Er ist für Ihren Hund ein soziales Ereignis, bei dem er andere Hunde trifft und neue Gerüche aufnimmt.

Spielen: Lumpen zerren, Bällen nachjagen, Versteckspielen, Stöckchen holen – beim Spielen tobt der Hund sich aus und er ist glücklich darüber, mit »seinem« Menschen etwas zu unternehmen. Lassen Sie den Hund auch gewinnen beim Spiel, aber verlieren Sie nie ganz die Autorität. Wenn er zu grob wird, muß ein »aus« genügen. Sie sollten den Hund auch an Spielkommandos gewöhnen, wie »lauf«, »such« oder »bring«.

Autofahren: Grundsätzlich sollten alle Hunde, egal ob groß oder klein, aus Sicherheitsgründen auf den Rücksitz. Ideal sitzt der Hund hinten in einem Kombi, in dem man auch ein Gitter oder Netz als Abtrennung anbringen kann. Es verhindert, daß der Hund bei schlechtem Wetter das ganze Auto verschmutzt. Wenn der Hund allein im Auto bleibt, muß immer ein Fenster offen sein. Für Autofenster gibt es leicht einsetzbare und einbruchsichere Spezialgitter. Bei großer Hitze darf er nur kurze Zeit im geparkten Auto gelassen werden! Es passiert leider immer wieder,

*Doch das Ergebnis ist meist erfolglos.*

daß Hunde im aufgeheizten Auto einen Hitzschlag erleiden.

Urlaub: Der Hund freut sich, wenn er mitdarf, aber nur dann, wenn auch er etwas vom Urlaub hat. Wenn Sie also eine Fernreise, eine Städtereise oder eine reine Kulturreise mit stundenlangen Autofahrten planen, lassen Sie den Hund lieber zu Hause. Suchen Sie einen guten Pflegeplatz bei Freunden, Verwandten oder in einer Hundepension. Schauen Sie sich eine solche Pension aber kritisch an, bevor Sie Ihren Hund dort wochenlang unterbringen.

# Richtig ernähren ist mehr als füttern

Im Gegensatz zu ihren »wertvollen« Verwandten, den Jagdhunden und reinrassigen Schoßhunden, führten viele Mischlinge früher ein wahres Hundeleben: Sie mußten sich von den Essensresten ernähren, die der Mensch ihnen hinwarf. Heute ist das anders. Wer seinen Mischling liebt, ernährt ihn richtig – sprich artgerecht.

### Was ist artgerechte Ernährung?

Wie sein Stammvater, der Wolf, ist der Hund ein Fleischfresser. Das heißt aber nicht, daß er ausschließlich mit Muskelfleisch ernährt werden darf. Wenn der Wolf Beute macht – er jagt hauptsächlich pflanzenfressende Tiere –, frißt er sein Opfer mit Haut und Haaren, mit Sehnen, Bändern und Knochen. Und mit dem Magen und den Eingeweiden, in denen sich ein Speisebrei befindet, der überwiegend aus pflanzlichen Stoffen besteht. Ernährungswissenschaftlich gesehen heißt das, er nimmt Kohlenhydrate auf, Eiweiß, Fett, Mineralstoffe wie Kalzium und Phosphor, Vitamine und Spurenelemente. Artgerechte Nahrung muß all diese Elemente enthalten.

### Richtig füttern

<u>Futterplatz:</u> Der Hund braucht einen Platz, an dem er ungestört fressen kann, zum Beispiel eine Küchenecke.
<u>Essenszeiten:</u> Gewöhnen Sie Ihren Hund an feste Essenszeiten. Am idealsten ist es, dem erwachsenen Hund mittags die Hauptmahlzeit zu geben und abends noch eine kleine Zusatzration. Sollten diese Zeiten nicht mit Ihrem Lebensrhythmus übereinstimmen, können Sie die Hauptmahlzeit auch auf den Morgen oder den Abend verlegen, sofern Sie den Hund etwa 4 bis 6 Stunden nach dem Füttern Gassi führen, damit er sein Geschäft erledigen kann. Nach dem Fressen muß der Hund ruhen. Gehen Sie nicht unmittelbar nach den Mahlzeiten mit ihm spazieren, vor allem bei großen Hunden besteht die Gefahr der Magendrehung, wenn sie mit vollem Magen herumtollen.
<u>Die Futtermenge</u> richtet sich nach der Größe des Hundes und danach, wieviel Bewegung er hat und wie gut er sein Futter verwertet. Kontrollieren Sie regelmäßig, ob Ihr Hund zu dick oder zu dünn ist, bemessen Sie danach die Portionen.
<u>Den »Figurtest«</u> beim Hund führen Sie folgendermaßen durch: Tasten Sie hinter den Schultern auf mittlerer Höhe des Brustkorbs nach den Rippen. Sie dürfen nur mit einer geringen Fettschicht bedeckt und gut zu ertasten sein. Sind keine Rippen zu fühlen, ist der Hund zu dick, stehen sie vor, ist er zu dünn.

### Das richtige Futter

Um Ihren Hund artgerecht zu ernähren, haben Sie zwei Möglichkeiten: Sie können ihn mit selbstzubereiteten Menüs (→ Praxis-Seiten 34 und 35) verwöhnen. Wenn Ihnen dies zuviel Mühe bereitet, schmeckt ihm sicher auch Fertigfutter.

*Eß- und Trinknäpfe gibt es aus Keramik, Kunststoff oder Edelstahl. Wichtig ist, daß sie rutschfest auf dem Boden stehen.*

## Fertigfutter

Die Futtermittelindustrie macht es uns einfach: Sie präsentiert eine riesige Palette von Fertigfutter für den Hund als Naß- und Trockenfutter, zum Beimischen und für zwischendurch. Der Zoohändler berät Sie sicher gerne über die verschiedenen Möglichkeiten.

Die Vorzüge des Fertigfutters liegen auf der Hand: Es ist einfach zubereitet, kann auch auf Reisen problemlos gefüttert werden, es wird streng nach ernährungswissenschaftlichen Grundsätzen zusammengestellt und enthält alles, was der Hund braucht.

Grundsätzlich ist zu beachten:

- Füttern Sie Dosenfutter immer mit Hundeflocken gemischt ($2/3$ Naßfutter, $1/3$ Flocken). Hunde, die pures Dosenfutter bekommen, neigen zu Durchfall.
- Dosenfutter aus dem Kühlschrank etwas kochendes Wasser zufügen.
- Wenn Sie Trockenfutter geben, muß immer eine Schüssel mit frischem Wasser bereitstehen.
- Für die Erhaltung des Gebisses ist es wichtig, daß der Hund, der mit Fertigfutter ernährt wird, etwas zu beißen bekommt: Kauknochen aus Büffelhaut, Kalbsknorpel oder Knochen (→ Lexikon, Seite 88).
- Variieren Sie den Speiseplan: Es wird Dosenfutter verschiedener Geschmacksrichtungen angeboten. Sie können auch einmal Reis, Nudeln oder Kartoffeln statt der Flocken daruntermischen. Oder gekochtes Gemüse mit einer rohen Mohrrübe ins Futter mischen, ebenso gekochte Hühnerherzen, Pansen, Lunge und Muskelfleisch.

Unser Tip: Es gibt Fertigfutter auf Frischfleischbasis, das keine Konservierungs-, Farb- oder Lockstoffe enthält. Aufgrund der begrenzten Haltbarkeit muß man es jedoch beim Hersteller direkt bestellen (→ Adressen, Seite 95).

## Trinken

Der Hund muß immer frisches Wasser zur Verfügung haben. Milch als tägliches Getränk ist ungeeignet, da sie unverdünnt abführende Wirkung hat. Verdünnt (50% Wasser) können Sie sie ab und zu geben, aber nur, wenn der Hund sie verträgt und keinen Durchfall bekommt.

## Die Ernährung des Welpen

Junge Hunde brauchen eiweiß- und mineralstoffreichere Nahrung als erwachsene. Der Zoofachhandel bietet daher spezielle Welpenkost an.

Die ersten 4 Wochen: Wenn Sie junge Hunde aufziehen, können Sie die Ernährung in den ersten 4 Wochen der Mutter überlassen, sofern sie genug Milch hat. Ist dies nicht der Fall, erkennen Sie das daran, daß die Welpen meist unaufhörlich fiepen. Sie können auch die Milchdrüsen der Mutter sanft drücken, um zu sehen, ob genug Milch kommt. Wenn nicht, müssen Sie die Kleinen mit der Flasche großziehen (→ Seite 22).

*Auch wenn er noch so bettelt – lassen Sie sich nicht erweichen. Die Häppchen vom Tisch machen Ihren Hund zu einem aufdringlichen Genossen.*

*Auch der Hund ist, was er ißt. So ein wacher kleiner Geselle braucht eine ausgewogene Ernährung, die auch Vitamine und Mineralstoffe enthält.*

<u>Ab der 5. Woche</u> füttern Sie 3mal am Tag zu: Trockenmilch vermischt mit Reisbrei, Haferbrei oder Schmelzflocken. In den flüssigen Brei können Sie auch ein Ei oder ganz fein zerdrücktes Welpen-Dosenfutter geben. Auf keinen Fall jedoch rohes Fleisch! Animieren Sie die Kleinen zum Schlabbern, indem Sie den Finger ins Futter tauchen und die Hunde den Brei vom Finger absaugen lassen. Je größer die Hunde werden, je spitzer ihre Zähnchen und Krallen, desto mehr zieht sich die Hündin zurück und wehrt die Meute ab, wenn sie trinken will. Füttern Sie daher ausreichend. Bis zum Alter von 2 Monaten brauchen die Welpen 5mal pro Tag etwas zu essen.

<u>Ab der 8. bis 9. Woche:</u> Wenn Sie einen jungen Hund bekommen, ist er gewöhnlich zwischen 8 und 9 Wochen alt. Erkundigen Sie sich beim Vorbesitzer, wie der Hund ernährt wurde. Lassen Sie sich ein bißchen vom gewohnten Futter mitgeben, das erleichtert die Umstellung.

Fütterungszeiten für den jungen Hund:
- 4mal täglich bis zu 3 Monaten
- 3mal täglich bis zu 6 Monaten
- danach 2mal täglich

### Die Ernährung des alten Hundes

Da Leber, Nieren und Darm im Alter nicht mehr so gut funktionieren, sollte der Hund kohlenhydratreiche Nahrung erhalten, die leichter verdaulich ist. Bei einem kleinen oder mittelgroßen Hund, der über 10 Jahre alt ist (große Rassen altern früher, manche schon mit 7 oder 8 Jahren) reduziert man daher die Fleischportionen und gibt mehr Flocken, Reis oder Gemüse. Es gibt auch Spezialfertigfutter für »Senioren«. Bei altersbedingten Erkrankungen der Leber, der Nieren und des Verdauungstraktes hilft ebenfalls eine kohlenhydratreiche Diät. Spezielles Diätfutter erhält man beim Tierarzt und im Zoofachhandel.

### Freßstörungen

Hunden geht es oft nicht besser als manchen ihrer Halter: Sie haben Probleme mit der Figur. Ob Ihr Hund zu dick oder zu dünn ist, prüfen Sie anhand des Figurtests (→ Seite 30).

<u>Der verfressene Hund</u> muß radikal auf Diät gesetzt werden, Übergewicht ist für den Hund genauso ungesund wie für den Menschen. Reduzieren Sie die Nahrung um $1/3$ oder füttern Sie Diätfutter und verschaffen Sie dem Hund mehr Bewegung. Es gibt Hunde, die aus Langeweile zu viel fressen, und Menschen, die sich kaum um den Hund kümmern und ihr schlechtes Gewissen beruhigen, indem sie das Tier überfüttern. Die Freßsucht kann aber auch andere Gründe haben. Hündinnen neigen generell dazu mehr zu fressen als Rüden, kastrierte Hündinnen und Rüden sind ebenfalls verfressen. Auch bestimmte Rassen sind bekannt dafür, daß sie keine natürliche »Eßbremse« haben: Wenn Ihr Hund zum Beispiel Spaniel- oder Beagle-Ahnen hat, müssen Sie mit Problemen rechnen. Ist Ihr Hund ein Findelkind aus südlichen Ländern, das sich bislang nur aus Mülltonnen ernährt hat, wird er wahrscheinlich sein Leben lang dazu neigen, alles zu fressen, was er findet.

<u>Der Hund, der nicht frißt:</u> Sie kochen dies, Sie kaufen das – der Hund rührt nichts an. Es kann sein, daß Sie einen Feinschmecker erwischt haben – dann müssen Sie herumexperimentieren, bis Sie herausfinden, was er gerne frißt. Achten Sie aber darauf, daß die Nahrung alle wichtigen Elemente enthält. Wenn diese Freßstörungen plötzlich auftreten und der Hund vorher normal gefressen hat, sollten Sie nach 3 Tagen zum Arzt gehen. Appetitlosigkeit ist oft Zeichen einer schweren Erkrankung. Wenn Sie einen Hund aus dem Heim oder von Vorbesitzern übernehmen,

*Beim Spaziergang markieren Rüden die Grenzen ihres Reviers.*

kann die Futterverweigerung ein Zeichen der Umstellung sein. Versuchen Sie herauszubekommen, was der Hund gerne frißt, bieten Sie ihm ein paar Lekkerbissen an, zum Beispiel Hackfleisch vom Rind mit einem Ei, und stellen Sie ihn dann langsam auf artgerechte Nahrung um. Auch hier sollten Sie zum Arzt gehen, wenn die Störung länger als 3 Tage anhält und der Hund abmagert.
<u>Der unterernährte Hund:</u> Die Rippen stehen vor, das Fell ist struppig, die Haut oft entzündet, er hat Durchfall, bricht, sein Kot ist übelriechend: So sieht ein Hund aus, der schlecht ernährt wurde. Päppeln Sie ihn langsam auf, geben Sie am Anfang mehrere kleine Portionen leichtverdaulicher Nahrung, das heißt weniger Fleisch und mehr Flocken, Gemüse oder Reis. Fügen Sie außerdem Vitamin- und Aufbaupräparate zu. Lassen Sie den Hund entwurmen; der Tierarzt wird Sie beraten, ob weitere Behandlungen notwendig sind.

# PRAXIS
## Hundemenüs

Menschen, die man mag, lädt man zu liebevoll bereiteten Mahlzeiten ein. Warum nicht auch einmal den geliebten Hund »bekochen«? Ein selbstzubereitetes Hundemenü bringt Abwechslung in den Speiseplan des Hundes. Wichtig dabei ist nur, daß es alle lebensnotwendigen Nähr- und Aufbaustoffe enhält.

### Erläuterungen zum Grundplan für Hundemenüs
Auf der rechten Seite finden Sie den Grundplan für selbstzubereitete Hundemenüs, in dem Mengenangaben für die auf dieser Praxis-Doppelseite beschriebenen Zutaten angegeben sind. Ausgehend von diesem Plan können Sie geschmacklich unterschiedliche Hundemahlzeiten zubereiten.
Die Zutaten: Angeführt sind die »Bausteine« der Mahlzeit (Fleisch, Fette, Getreidearten, Milchprodukte, Zusätze). Kein Baustein darf beim Zubereiten fehlen, nur die Zutaten selbst können Sie variieren, zum Beispiel kann man statt Rindfleisch Wild nehmen. Nicht vergessen: Die wichtigen Zusätze (Vitamine, Mineralstoffe, → Seite 35).
Die Mengenangaben: Angegeben ist die Menge für 1 Tagesration, und zwar für den gesunden erwachsenen Hund mit normalen Bewegungsmöglichkeiten (Spaziergänge). Leistungshunde und säugende Hündinnen müssen anders ernährt werden; Tierarzt fragen.
Hundegröße:
• Größere Hunde – alle über 62 cm Schulterhöhe.
• Mittlere und kleine Hunde – alle über 24 cm (bis etwa 62 cm) Schulterhöhe.
• Kleinsthunde – alle bis zu einer Schulterhöhe von 24 cm.

### Zutaten und ihre Aufbereitung
Eine gesunde selbstzubereitete Hundemahlzeit macht etwas Arbeit. Wenn es Ihrem Hund schmeckt, hat es sich aber gelohnt. Die nachfolgend aufgeführten Zutaten sind jeweils in der im Grundplan angegebenen Menge zu verarbeiten.
Wichtig: Verwenden Sie nur einwandfreie Zutaten, verdorbene Lebensmittel gehören ebensowenig wie Speisereste in die Hundeschüssel.

*Ab der 5. Woche brauchen Welpen schon Zusatznahrung.*

Fleisch
Stets gekocht und kleingeschnitten verwenden. Geeignet ist: Mageres Muskelfleisch vom Rind, Kalb, Pferd oder Wild. Schweinefleisch nicht verfüttern!
Zur Abwechslung auch: Blättermagen (Pansen), Herz, Leber und Nieren höchstens 1mal wöchentlich; wenn der Hund davon Durchfall bekommt: nicht füttern.
Unser Tip: Geflügel oder grätenfreier Fisch (beides gekocht) sind ideal als Magen-Darm-Schonkost und als gewichtsreduzierende Diät. Menge wie beim Fleisch.
Wichtig: Rind- und Kalbfleisch muß frei von BSE sein (BSE = Bovine Spongiöse Enzephalopathie, »Englische Rinderseuche«). Die Erreger werden durch normales Kochen nicht abgetötet.

Fette
Wenn nicht in Form von Fleischfett vorhanden (fettes Fleisch), nehmen Sie kaltgepreßtes Pflanzenöl oder Butter in der angegebenen Menge.

Getreideprodukte
Gekocht geeignet sind: Vollkornreis, Getreideflocken (Hafer- oder Weizenflocken), Hirse- oder Gerstenbrei (Hirse und Gerste vor dem Kochen schroten).
Ungekocht geeignet sind: Altbackenes Vollkornbrot, Vierkornflockenmischung (zum Beispiel Babynahrung) oder Hundeflocken (beide Flockenarten auf Instantbasis).
Wichtig: Wenn Sie Hundeflocken verfüttern, beachten Sie bitte folgendes:

## Grundplan für selbstzubereitete Hundemenüs

Mengenangaben und Zutaten für eine Tagesration.

| Hundegröße | Fleisch | Fette | Getreidearten | Milchprodukte |
|---|---|---|---|---|
| Größere Hunde (alle über 62 cm Schulterhöhe) | 300 – 400 g | 30 – 50 g (= 2 Eßl. Öl) | 150 – 200 g | 2 Eßl. |
| Mittlere und kleine Hunde (alle über 24 cm und bis etwa 62 cm Schulterhöhe) | 150 – 200 g | 20 – 30 g (= 1 Eßl. Öl) | 70 – 100 g | 1 Eßl. |
| Kleinsthunde (alle bis zu einer Schulterhöhe von 24 cm) | 80 – 100 g | 10 – 15 g (= 1 Teel. Öl) | 30 – 50 g | 1 – 2 Teel. |

Wichtig: Jede Tagesration mit einer Vitamin-Mineralstoff-Mischung anreichern! (→ Wichtige Zusätze, unten).

- $2/3$ Fleisch, $1/3$ Hundeflocken nehmen.
- Sind die Hundeflocken vitaminisiert (steht auf der Packung), keine Vitamin-Mineralstoff-Zusätze verwenden.

Milchprodukte
Geeignet sind: Hüttenkäse oder Quark.

Wichtige Zusätze
Nicht vergessen: Jede Mahlzeit muß mit einem der nachfolgend genannten Zusätze angereichert werden. Ausnahme: Zusätze nicht nötig bei Verwendung von vitaminisierten Hundeflocken.
1. Möglichkeit: Für Hunde angebotene Vitamin-Mineralstoff-Mischung aus dem Zoofachhandel, nach Gebrauchsanweisung verwenden.
2. Möglichkeit: Folgende selbstzubereitete Mischung (enthält alle notwendigen Stoffe):
- Bierhefeflocken: Größere Hunde – 1 Eßl., alle anderen – 1 Teel.
- Ei, gekocht: Größere Hunde – 1 Ei, alle anderen – $1/2$ Ei.
- Knochenmehl: Größere Hunde – 20 g, mittlere und kleine Hunde – 10 g, Kleinsthunde – 5 g.
- Roh und im Mixer zerkleinert: $1/2$ Apfel, $1/2$ Karotte, 1 Blatt Salat, etwas Petersilie. Menge bei kleinen Hunden etwas reduzieren.
- Alles gut vermischen.

Die Zubereitung
Gekochtes abkühlen lassen. Alle Zutaten der Hundemahlzeit gut miteinander vermischen. Darauf achten, daß der Hund nicht »aussortiert«. Pickt er sich nur die Fleischbrocken heraus, die gesamte Mahlzeit kurz in den Mixer – allerdings verschmähen manche Hunde dann das Menü.

Beikost zum Knabbern
1 bis 2mal wöchentlich wahlweise Hundekuchen, luftgetrocknete Pansenstreifen oder Ochsenziemer, Rinderhufe, Büffelhautknochen, Kalbsknorpel, Sandknochen ( → »Knochen«, Seite 88).

# Der gepflegte Mischling

*Die Größe einer Zecke variiert zwischen 1 mm und fast 1 cm – je nachdem, wie vollgesogen sie ist.*

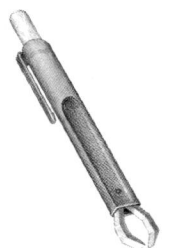

*Mit Hilfe einer speziellen Zeckenzange (Zoofachhandel) können diese Parasiten leicht entfernt werden.*

Als Besitzer eines Mischlingshundes sind Sie an keinerlei modische Vorgaben gebunden: Was das Haarkleid betrifft, entscheiden Sie ganz alleine, wie er es trägt. Pflegen müssen Sie Ihren Mischling jedoch genauso wie einen Rassehund, denn die Pflege trägt zum Wohlbefinden des Hundes bei.

### Kämmen und Bürsten

Wenn Sie gefühlvoll vorgehen, empfindet Ihr Hund die regelmäßige Fellpflege als eine Form der Zuwendung.
<u>Kurzhaarige Hunde</u> bürsten Sie einmal pro Woche, am besten mit einem Naturborstenstriegel.
<u>Langhaarige Hunde</u> kämmen Sie zuerst mit einem grobzinkigen Metallkamm vor, dann können Sie eine Drahtbürste verwenden. Je nachdem wie fein das Haar ist, muß der Hund täglich oder jeden zweiten Tag gekämmt werden.
<u>Wichtig:</u> Sollte das Fell stellenweise verfilzt sein, lösen Sie die Knoten vorsichtig mit den Fingern auf. Starke Verfilzungen müssen herausgeschnitten werden (→ Seite 21).

### Scheren

Haare lassen sollte der Hund dann, wenn er nicht mehr aus den Augen schauen kann, wenn sein Fell zu dicht oder verfilzt ist oder einfach, wenn Sie finden, kurzes Haar stehe ihm besser. Sie können Ihren Hund selbst scheren – im Zoofachhandel erhalten Sie elektrische Schermaschinen – oder ihn in einen Hundesalon bringen.

### Baden

Öfter als einmal im Monat sollte man den Hund nicht mit Shampoo waschen. Ohne Seife abduschen kann man ihn täglich. Generell muß der Hund dann in die Wanne, wenn er stinkt oder stark verschmutzt ist. Verwenden Sie reizfreies Spezialshampoo (Zoofachhandel) und schützen Sie beim Abduschen die Augen des Hundes mit der Hand. Reiben Sie den Hund nach dem Bad gut ab. Fönen Sie sein Fell oder lassen Sie es in einem warmen Raum trocknen, damit er sich nicht erkältet.

### Flöhe und Zecken

Jeder Hund kommt mal mit Ungeziefer nach Hause. Untersuchen Sie Ihren Liebling regelmäßig, damit Sie im gegebenen Fall etwas unternehmen können.
<u>Zecken</u> sind nur in der wärmeren Jahreszeit aktiv. Besonders häufig treten sie Anfang Juni und Mitte September auf. Sie beißen sich in der Haut des Hundes fest und saugen sich voll Blut.
<u>Vorbeugung:</u> Einen gewissen Schutz bietet ein Ungezieferhalsband (Zoofachhandel). Abzuraten ist von Tabletten und Tinkturen, die vorbeugend gegen Zecken eingegeben oder aufgetragen werden. Sie schaden auch dem Hund.
<u>Zecken entfernen:</u> Hat sich die Zecke festgebissen, träufeln Sie einen Tropfen Speise- oder Babyöl auf den Parasiten, warten Sie eine Minute und entfernen Sie ihn durch eine leichte Drehung. Sie können dabei eine Zeckenzange (→ Zeichnung links) zu Hilfe nehmen. Ob Sie nach links oder rechts drehen, ist unwichtig. Sie dürfen die Zecke nur

nicht einfach herausreißen, sonst besteht die Gefahr, daß der Kopf steckenbleibt und die Stelle sich entzündet.
<u>Krankheiten:</u> Zecken können Borreliose, eine Haut- und Gelenkerkrankung, auf den Hund übertragen. Sie gehen gewöhnlich nicht vom Hund auf den Menschen.
<u>Flöhe</u> sind besonders in der warmen Jahreszeit aktiv. Da sie der Hund aber auch in die Wohnung bringt, kommen sie das ganze Jahr über vor. Sie können auch auf den Menschen gehen. Wenn sich Ihr Hund häufig kratzt, kann er Flöhe haben. Untersuchen Sie sein Fell und achten Sie besonders auf Flohkot. Das sind kleine dunkle Punkte, die auf einem weißen Tuch oder feuchten Papier rote Flecken hinterlassen.
<u>Vorbeugend schützen</u> Sie den Hund mit einem Ungezieferhalsband (→ Seite 36).

<u>Flöhe bekämpfen:</u> Besorgen Sie sich ein Spezialshampoo, mit dem Sie den Hund baden, oder einen Spezialpuder und ein Anti-Flohspray (Zoofachhandel). Waschen Sie gleichzeitig die Decken, mit denen der Hund in Berührung kommt, sprühen Sie auch das Körbchen und den Boden in der Umgebung des Hundeplatzes ein: 80% bis 90% der Flöhe halten sich in der Umgebung des Hundes auf. Wichtig ist, daß Sie die Behandlung im Abstand von einer Woche wiederholen, da aus den nicht abgetöteten Floheiern neue Flöhe schlüpfen.
<u>Krankheiten:</u> Flöhe übertragen zwar keine Krankheiten, es kann jedoch passieren, daß der Hund einen Floh frißt und sich damit Bandwürmer holt. Wenn der Hund Flöhe hat, muß er daher auch entwurmt (→ Seite 40) werden!

*Größere Hunde wollen sich jeden Tag austoben, am besten zusammen mit Artgenossen.*

# PRAXIS
## Pflege

Die Kontrolle und Pflege von Ohren, Augen, Gebiß und Pfoten gehören zu Ihren Pflichten als Hundebesitzer. Dabei handelt es sich nicht nur um kosmetische Maßnahmen. Die regelmäßige Pflege dient auch der Kontrolle des Gesundheitszustandes.

### Ohrenpflege
Zeichnung 1
Einmal im Monat und immer nach dem Baden sollten Sie die Ohren Ihres Hundes kontrollieren. Achten Sie auf Verschmutzung und Rötungen, entfernen Sie übermäßiges Ohrenschmalz mit einem weichen, mit Babyöl getränkten Tuch.
Wie man den Gehörgang mit einem Wattestäbchen reinigt, sollten Sie sich vom Tierarzt zeigen lassen. Wichtig ist, daß Sie das Wattestäbchen senkrecht in die trichterförmige Ohrmuschel einführen und keinesfalls horizontal, damit das Trommelfell nicht verletzt wird.
**Hinweis:** Zum Tierarzt müssen Sie, wenn die Ohren stark gerötet sind, wenn Sie beim Reinigen schwarz-braunes, eitriges oder blutiges Sekret bemerken, oder wenn der Hund mit Schmerzäußerungen reagiert, sobald Sie ihm über die Ohren streichen. Auch häufiges Kratzen und Schütteln des Kopfes weisen auf eine Entzündung hin oder können bedeuten, daß der Hund einen Fremdkörper im Ohr hat, zum Beispiel Grasgrannen oder mit Ohrenschmalz verklebte Haare.

### Augenpflege
Wenn sich Sekret in den Augenwinkeln gebildet hat, entfernen Sie es am besten mit einem weichen Papiertaschentuch. Ist das Sekret schon verkrustet, feuchten Sie das Tuch mit lauwarmer Kamillenlösung an und lösen Sie die Verkrustungen vorsichtig auf.
**Hinweis:** Wenn die Augen ständig tränen oder stark gerötet sind, wenn der Ausfluß eitrig ist und der Hund mit der Pfote am Auge kratzt, liegt eine bakterielle Entzündung vor, die Sie vom Tierarzt behandeln lassen müssen. Bindehautentzündung ist häufig auch ein Zeichen dafür, daß der Hund an einer anderen Krankheit, zum Beispiel Erkältung, Zwingerhusten oder gar Staupe, leidet.

### Gebißkontrolle
Ab und zu darf Ihnen Ihr Hund nicht nur die Zähne zeigen, er muß es sogar. Regelmäßige Pflege und Kontrolle des Gebisses verhindern, daß Ihr Liebling unangenehm aus dem Maul riecht. Prüfen Sie etwa alle 3 Monate sein Gebiß und achten Sie vor allem auf Zahnstein, der sich als bräunlicher, kompakter Belag am Zahnhals zeigt. Er muß vom Tierarzt entfernt werden. Richtige Ernährung kann Zahnstein verhindern: Gerade wenn Sie vorwiegend Weichfutter füttern, müssen Sie dem Hund zum Ausgleich etwas Kompaktes wie Fleischstücke, Knochen (→ Seite 88) oder Büffelhautknochen geben. Denn Zahnstein wird auch durch den mechanischen Abrieb der Zähne verhindert. Bei der Neigung zu Parodontose kann es sogar angebracht sein, dem Hund regelmäßig die Zähne zu putzen (Spezialzahnpasta erhalten Sie beim Tierarzt oder im Zoofachhandel).
Mit Zahnproblemen müssen Sie vor allem dann rechnen, wenn sich in der Ahnenreihe Ihres Mischlings eine Zwergrassenart befindet, wie zum Beispiel Yorkshire oder Shih Tzu. Diese klein gezüchteten Hunde neigen dazu, schon beim Zahnwechsel Schwierigkeiten zu haben, sehr früh Zahnstein zu entwickeln, der – wenn er nicht konsequent entfernt wird – zu Parodontose und Zahnverlust führt.
**Hinweis:** Sie müssen zum Tierarzt, wenn das Zahnfleisch wund und entzündet ist, wenn Sie einen wackeligen oder abgebrochenen

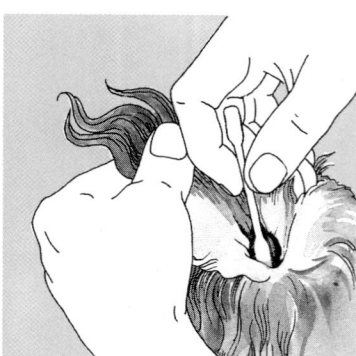

<u>1</u> *Das Wattestäbchen senkrecht in die Ohrmuschel einführen.*

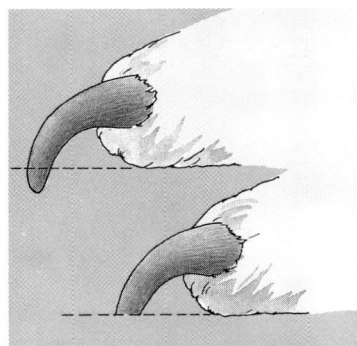

2| *Eine gedachte Linie hilft die Krallenlänge zu prüfen.*

Zahn entdecken, wenn Sie übermäßig viel Speichelfluß (eventuell mit Blut) bemerken oder der Hund übel aus dem Maul riecht. Es kann sein, daß Zähne vereitert sind und gezogen werden müssen.

## Pfotenpflege

Bei dichtbehaarten Pfoten (zum Beispiel Spaniel- oder Pudelmischling) müssen Sie die Haare zwischen den Ballen und Zehen vorsichtig ausschneiden, sonst bleiben Steinchen oder Kaugummis darin hängen.
Im Winter, wenn der Hund mit Streusalz in Kontakt kommt, besteht die Gefahr, daß sich die Pfoten entzünden. Reiben Sie dem Hund die Ballen nach dem Spaziergang trocken und cremen Sie sie – auch vorbeugend – mit Vaseline ein.
Hinweis: Bei blutenden Rissen oder Schnittverletzungen (→ Seite 42) müssen Sie unbedingt den Tierarzt aufsuchen, da Wunden am Ballen nicht von selbst heilen.

## Krallenpflege

Zeichnung 2
Normalerweise läuft sich ein Hund, der genug Bewegung hat, die Krallen ab. Nur der alte Hund braucht eine besondere »Fußpflege«. Er läuft weniger und die Nägel wachsen im Alter schneller. Auch sehr kleine Hunde laufen sich wegen ihres geringen Gewichts die Krallen nicht genug ab. Um die Krallenlänge zu prüfen, halten Sie die Pfote des Hundes hoch. Reicht die Krallenspitze über die gedachte Linie vom Ballen zur Kralle hinaus, muß sie gekürzt werden.
Das Krallenschneiden sollte man jedoch dem Fachmann überlassen. Die Hundekralle besteht nicht nur aus totem Horn, ein Teil des Nagels lebt und ist mit Blutgefäßen und Nerven durchsetzt. Zu erkennen, wo man schneiden darf, ohne den Hund zu verletzen, ist vor allem bei dunklen Krallen für den Laien unmöglich.

## Daumen- und Wolfskrallen

Zeichnung 3 und 4
In jedem Alter müssen Sie auf die Krallen achten, die keine Bodenberührung haben und damit nicht abgerieben werden: die Daumenkrallen (vorne) und die gelegentlich vorhandenen Wolfskrallen (hinten). Beide sitzen an den Innenseiten der Beine, wobei die Wolfskralle als Zeichen der Ursprünglichkeit gilt und bei vielen Mischlingen erhalten ist.
Daumen- und Wolfskrallen müssen Sie regelmäßig überprüfen. Es kann passieren, daß der Nagel in den Ballen einwächst, und das ist sehr schmerzhaft. Achten Sie auch auf Verletzungen; es besteht die Gefahr, daß der Hund wiederholt vor allem mit der Wolfskralle hängenbleibt. Ist dies der Fall, sollte man sie vom Tierarzt entfernen lassen.

## Afterpflege

Vor allem bei Durchfall kommt es vor, daß der Hund mit verklebtem After nach Hause kommt. Durch Abduschen oder mit einem feuchten Lumpen läßt sich das Problem leicht lösen. Bei langhaarigen Hunden sollte man die Haare um den After wegschneiden.
Hinweis: Ein Hund, der oft auf dem Hintern rutscht – »Schlitten fährt« –, kann Würmer oder entzündete Analdrüsen (→ Lexikon, Seite 82) haben. In beiden Fällen muß man zum Tierarzt.

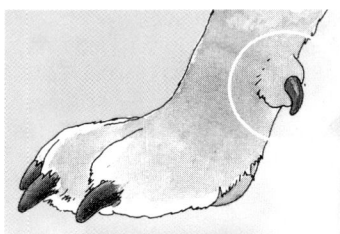

3| *Wolfs- und Daumenkrallen sitzen immer innen am Bein.*

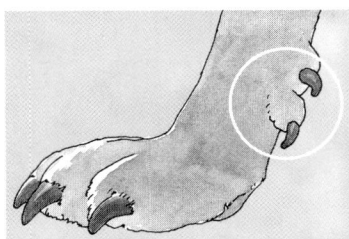

4| *Manche Mischlinge besitzen sogar zwei solche Krallen.*

# Gesundheitsvorsorge und Krankheiten

Mischlinge sind oft gesünder als manche Rassehunde. Das liegt daran, daß durch die Mischung vermieden wird, was Rassehunde krank machen kann: die Inzucht. Trotzdem kann natürlich auch der Mischlingshund krank werden und man darf seine Gesundheit nicht vernachlässigen.

Nicht umsonst gelten Mischlingshunde als besonders robust: Sie sind längst nicht so degeneriert wie viele Rassehunde, bei denen das Zuchtideal »Schönheit« und nicht »Gesundheit« lautet. Trotzdem heißt das aber nicht, daß Sie die Gesundheit Ihres Mischlingshundes vernachlässigen können. Auch der Mischling kann einmal krank werden, und Sie sollten in der Lage sein, Anzeichen einer Krankheit zu erkennen und richtig zu reagieren. Vor allem aber müssen Sie wissen, welche Vorsorgemaßnahmen Sie treffen können, damit Ihr Hund gesund bleibt.

**Wie der Hund gesund bleibt**
Regelmäßige Wurmkuren und Impfungen sind das A und O für die Erhaltung der Gesundheit Ihres Hundes. Nehmen Sie diese Termine beim Tierarzt auch wahr, um den Hund untersuchen zu lassen. Je früher eine Krankheit erkannt wird, desto besser läßt sie sich heilen.

Entwurmung
Zwei gute Gründe sprechen dafür, regelmäßig Wurmkuren durchzuführen: Zum einen ist ein Hund, der Würmer hat, geschwächt und dadurch anfälliger für Infektionskrankheiten. Zum anderen sind Würmer auch auf Menschen übertragbar; besonders Kinder, die im Umgang mit dem Hund nicht immer die nötige Hygiene walten lassen, sind gefährdet.
Neben den häufig vorkommenden Wurmarten wie Spul- und Bandwürmer (→ Lexikon, Seite 91) gibt es noch andere seltenere. Deshalb muß zur Entwurmung ein Mittel verwendet werden, das ein möglichst breites Wirkungsspektrum hat. Lassen Sie sich von Ihrem Tierarzt beraten.
Hinweis: Wenn Sie einen erwachsenen Hund übernehmen, von dessen Vorleben Sie nichts wissen, ist die Entwurmung die erste und wichtigste Maßnahme, die Sie mit Hilfe Ihres Tierarztes durchführen müssen.
Entwurmt wird im Alter von:
- 6 Wochen
- 8 Wochen (danach 1. Impfung)
- 12 Wochen (danach 2. Impfung)
- 6 Monaten
- 9 Monaten

Danach sind Wurmkuren zweimal im Jahr nötig.
Wichtig: Die Entwurmung sollte jeweils vor dem Impfen stattfinden, damit der Hund bei der Impfung völlig gesund ist.

Impfung
Impfungen sind lebenswichtig für Ihren Hund: Sie schützen vor Infektionskrankheiten, die tödlich verlaufen können und teilweise (wie Tollwut und Leptospirose) auch auf den Menschen übertragbar sind. Geimpft wird gegen Tollwut, Staupe, Hepatitis, Parvovirose und Leptospirose. Bei diesen Krankheiten handelt es sich um Virusinfektionen (nur die Leptospirose wird durch Bakterien verursacht). Da es bei Viruserkrankungen keine lebenslange Immunität gibt, ist es außerordentlich wichtig, daß die Impfungen in regelmäßigen Abständen wiederholt werden. Besonders anfällig ist der junge Hund, weil sein Immunsystem noch nicht voll ausgebildet ist.

*Wer sagt, daß wir Rasselosen keinen Adel haben?*

# PRAXIS
## Erste Hilfe

Sie gehen mit Ihrem Hund Spazieren wie jeden Tag. Plötzlich ist es passiert. Der Hund hat sich verletzt. Was tun?

### Schnittverletzungen an den Pfoten

Da kommt er angehumpelt, ein Bild des Jammers: die blutende Pfote erhoben, im Ballen klafft ein Schnitt.
Wenn die Wunde stark blutet, müssen Sie einen Druckverband anlegen. In einer belebten Gegend ist das kein Problem: Bitten Sie einen Autofahrer um eine Mullbinde und eine Kompresse aus seinem Verbandskasten. Die Kompresse kommt direkt auf die Wunde und wird mit der Binde fest umwickelt. Vorher sollten Sie grobe Verschmutzungen und Fremdkörper aus der Wunde entfernen. Wenn Sie kein Verbandszeug zur Hand haben, bedecken Sie den Schnitt mit einem sauberen Papiertaschentuch und wickeln Sie einen Stoffstreifen (Socke oder Schal) um die Pfote.

### Bein abbinden
Zeichnung 1
Gelingt es Ihnen nicht, die Blutung mit einem Druckverband zu stoppen, müssen Sie das Bein oberhalb der Ferse beziehungsweise des Ellbogens abbinden. Am besten eignet sich dafür ein Gummiband oder ein elastischer Gürtel. Im Notfall kann man das Bein auch mit einer Socke abbinden, Hauptsache sie ist aus elastischem Material. Der Verband muß aber unbedingt alle 30 Minuten gelöst werden, da sonst das Bein absterben könnte!
<u>Hinweis:</u> Egal, ob die Wunde stark blutet oder nicht, Sie müssen auf jeden Fall zum Tierarzt. Da die Pfoten ja immer mit Schmutz in Berührung kommen, besteht die Gefahr, daß eine nicht genähte Schnittverletzung vereitert und wochenlang nicht heilt.

### Bißverletzungen
Zeichnung 2
Raufereien gehören zum Hundeleben und sie gehen meist gut aus. Trotzdem sollten Sie Ihren Hund nach jeder Beißerei gründlich untersuchen. Gerade bei Hunden mit dichtem Fell bleiben etwaige Bißverletzungen sonst unentdeckt und können sich zum Abszeß entwickeln.

<u>2|</u> *Nach jeder Rauferei sollten Sie Ihren Hund auf Bißwunden untersuchen.*

<u>1|</u> *Das Bein oberhalb des Ellbogens oder der Ferse abbinden.*

Wenn der Hund so gebissen wurde, daß er blutet, hilft nur, die Wunde mit einem sauberen Tuch abzudecken. Wenn ein größeres Gefäß getroffen ist und das Blut herausprudelt, müssen Sie mittels eines Druckverbandes oder im Notfall auch mit der Hand auf das Gefäß Druck ausüben, damit der Hund nicht verblutet. Und dann so schnell es geht zum Arzt. Oft geschieht es, daß der Eckzahn des Gegners die Haut durchbohrt und eine lochförmige Verletzung entsteht. So klein die Wunde sein mag, es ist in jedem Fall Schmutz unter die Haut gelangt. Es kann sich – auch erst Tage nach der Rauferei – ein

Abszeß bilden, der zu Fieber, Apathie, Appetitverlust und Blutvergiftung führen kann. Gehen Sie daher mit allen Bißverletzungen zum Tierarzt, um sie begutachten zu lassen.

## Unfallhund
Zeichnung 3
Ein Hund, der von einem Auto angefahren wurde, muß sofort zum nächsten Tierarzt transportiert werden. Da Sie nie wissen, ob innere Verletzungen entstanden oder Knochen gebrochen sind, ist es wichtig, den Hund auf der Seite liegend zu transportieren. Ideal wäre es, ihn auf eine Liege oder ein Brett zu betten. Da diese Hilfsmittel nur in seltenen Fällen zur Stelle sind, kann man sich mit einer Decke behelfen, auf die man den Hund vorsichtig, und möglichst ohne seine Lage zu verändern, schiebt. Die vier Ecken der Decke kann man mit je einem Knoten versehen, dann läßt sie sich besser festhalten. Mindestens zwei Helfer heben das Tier dann behutsam ins Auto und stützen den Körper dabei von unten.
Hinweis: Hunde, die bei einem Unfall verletzt wurden, sind verstört und stehen unter Schock. Es kann sein, daß sie sogar ihren Besitzer beißen. Notfalls müssen Sie dem Tier die Schnauze zubinden (→ Seite 48).

## Insektenstiche
Es muß nicht immer eine Schnittverletzung sein, wenn Ihr Hund winselnd die Pfote hebt: Er kann auch in eine Biene oder Wespe getreten sein. Meist reagiert der Hund auf den brennenden Schmerz, indem er die Pfote schleckt. Untersuchen Sie die Stelle: Wenn der Übeltäter eine Biene war, steckt der Stachel noch im Fleisch. Entfernen Sie ihn und kühlen Sie die Pfote mit Wasser oder Eis. Das lindert den Schmerz und verhindert eine starke Schwellung.
Hunde schnappen auch gelegentlich nach fliegenden Insekten und werden dann an den Lefzen oder im Maul gestochen. Sollte der Hund durch Schwellungen im Rachenraum akute Atem- oder Schluckbeschwerden bekommen, gehen Sie sofort zum Tierarzt! Auch wenn der Hund von mehreren Bienen, Wespen oder gar Hornissen gestochen wurde, sollten Sie zum Arzt gehen. Es können akute allergische Beschwerden auftreten, wie Erbrechen, Atembeschwerden, pumpende Atmung und Hustenanfälle.

## Fremdkörper im Maul
Wenn der Hund Zweige oder Knochen zerbeißt, kann es vorkommen, daß sich Stücke davon zwischen den Zähnen verkeilen. Der Hund sondert dann vermehrt Speichel ab oder hält das Maul leicht geöffnet. Er wird versuchen, den Fremdkörper zu entfernen: entweder mit der Pfote oder indem er den Kopf am Boden scheuert.
Meist brauchen Sie keinen Arzt, um dem Hund zu helfen: Öffnen Sie ihm das Maul und suchen Sie im Gaumen oder zwischen den Backenzähnen nach dem Fremdkörper. Mit etwas Geschick läßt er sich meist leicht entfernen.

## Verdacht auf Vergiftung
Es gibt immer wieder Menschen, die Gift streuen, oder Hunde, die zur Rattenbekämpfung ausgelegte Köder fressen. Wenn Ihr Hund ganz plötzlich wiederholt erbricht und Durchfall hat, liegt der Verdacht auf Vergiftung nahe, vor allem wenn sich Spuren von Blut im Erbrochenen oder im Kot finden. Fahren Sie sofort zum Tierarzt. Ob der Hund zu retten ist, hängt von der Menge und der Art des Giftes ab, aber auch davon, wie schnell Sie reagieren.

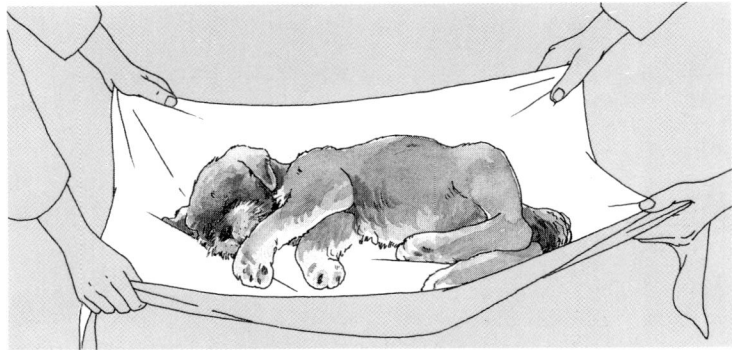

3 | Falls keine stabile Unterlage zur Hand ist, kann man einen verunglückten Hund auch auf einer Decke transportieren.

**N**ehmen Sie den jährlichen Impftermin beim Tierarzt auch dazu wahr, den Hund untersuchen zu lassen. Für den Arzt ist es wichtig, daß Sie ihm möglichst genaue Informationen über das Verhalten des Hundes geben, wenn er krank ist.

Im ersten Lebensjahr muß er 2- bis 3mal geimpft werden. Aber auch der alte Hund ist gefährdet; den Hund ab einem bestimmten Alter nicht mehr impfen zu lassen, ist fahrlässig.
Wenn der Hund geimpft wird, erhalten Sie vom Tierarzt einen Impfpaß, der Ihnen auch bei Grenzübergängen als Nachweis dient, daß Ihr Hund ordnungsgemäß gegen Tollwut geschützt ist. Orientieren Sie sich am Datum der letzten Impfung und planen Sie die nächste nach folgendem Schema:

<u>Beim Welpen</u> wird geimpft im Alter von:
• 8 bis 9 Wochen gegen Staupe, Hepatitis, Leptospirose, Parvovirose
• 12 bis 14 Wochen gegen Staupe, Hepatitis, Leptospirose, Parvovirose und Tollwut
<u>Der erwachsene Hund</u> wird jährlich abwechselnd geimpft:
• 1. Jahr: 3fach-Impfung gegen Leptospirose, Parvovirose, Tollwut (der Impfschutz gegen Staupe und Hepatitis hält 2 Jahre)

*Der Tierarzt zeigt Ihnen, wie ein Verband fachmännisch angelegt wird.*

- 2. Jahr: 5fach-Impfung gegen Staupe, Hepatitis, Leptospirose, Parvovirose und Tollwut
- 3. Jahr: 3fach-Impfung
- 4. Jahr: 5fach-Impfung, und so weiter.

**Wenn der Hund krank ist**

Auch wenn der Hund nicht sagen kann, wo es ihn drückt und was ihm weh tut, kann der Besitzer doch am veränderten Verhalten erkennen, daß etwas nicht stimmt. Beobachten Sie Ihren Hund also genau, besonders wenn er plötzlich nicht mehr frißt oder völlig lustlos ist, zum Beispiel nicht wie sonst reagiert, wenn Sie ihn zum Spaziergehen auffordern. Appetitlosigkeit und Apathie sind Begleiterscheinungen fast jeder Krankheit. Wie sich weitere Verhaltensäußerungen deuten lassen und auf welche Krankheiten sie hinweisen können, finden Sie in der Tabelle auf den Seiten 46 und 47.

Unser Tip: Verschiedene Versicherungsgesellschaften bieten auch Krankenversicherungen für Hunde an (→ Lexikon, Seite 87). Man zahlt bei 20% Selbstbeteiligung etwa 15 DM im Monat.

Hinweis: Wenn Sie einen erwachsenen Hund neu zu sich nehmen, kann es sein, daß er in den ersten Tagen verschreckt ist, sich verkriecht und nichts frißt. Dieses Verhalten muß nichts mit Krankheit zu tun haben. Machen Sie sich keine Sorgen, wenn keine weiteren Symptome hinzukommen. Der Hund braucht nur ein paar Tage Zeit, sich einzugewöhnen.

**Was der Tierarzt von Ihnen wissen muß**

Es ist für die Diagnose und Behandlung eines kranken Hundes von entscheidender Bedeutung, daß Sie dem Tierarzt möglichst viele Informationen geben. Schreiben Sie Ihre Beobachtungen am besten auf. Notieren Sie dabei auch, wie lange der Hund schon bestimmte Symptome zeigt und bemühen Sie sich, möglichst genau zu beschreiben, wie diese sich äußern (zum Beispiel Körperhaltung bei bestimmten Schmerzen, Art des Hustens) und in welchen Situationen sie auftreten. Folgende Liste soll Ihnen Anhaltspunkte geben, welche Beobachtungen Sie dem Arzt mitteilen müssen:

- Wann hat der Hund zum letzten Mal gefressen, beziehungsweise getrunken und was?
- Wann hat er zum letzten Mal Urin gelassen, beziehungsweise Kot abgesetzt? Hatte er dabei Schwierigkeiten?
- Wie war dieser Kot beschaffen: Farbe? Hart oder weich? Blutbeimengung? Eventuell Probe mitbringen. War Blut im Urin?
- Hat der Hund erbrochen? Wie oft, wieviel und was: Blut? Fremdkörper? Eventuell Probe mitbringen.
- Hat der Hund Blähungen oder Bauchgrimmen?
- Niest, hustet, speichelt oder würgt er?
- Hat er Fieber? (→ Fiebermessen, Seite 48 und Zeichnung, Seite 46).
- Humpelt oder lahmt Ihr Hund? Seit wann und in welcher Situation? Steht er mit aufgekrümmtem Rücken oder hat er einen staksigen Gang? Hat er Probleme beim Aufstehen?
- Bleibt der Hund vor Treppen stehen oder weigert er sich, aufs Sofa oder ins Auto zu springen?
- Schleckt, kratzt oder beißt er bestimmte Körperregionen? Rutscht er auf dem Hintern (»Schlitten fahren«) und versucht, sich am Schwanz zu schlecken?
- Schüttelt er häufig den Kopf und kratzt an den Ohren?
- Reagiert er mit Schmerzäußerungen auf die Berührung bestimmter Körperteile?

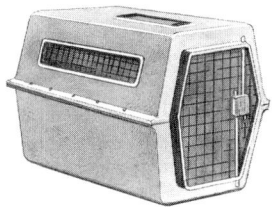

*Für den Weg zum Tierarzt oder auch für Flugreisen empfiehlt sich bei kleineren Hunden eine stabile Transportbox, die Sie im Zoofachhandel erhalten.*

# Gesundheitsstörungen

| Das fällt auf | Mögliche Ursachen, bei denen Sie selbst Abhilfe schaffen können |
|---|---|
| Trinkt nicht | Genug Feuchtigkeit im Futter |
| Trinkt viel | Überhitzung nach Rumtoben, hat viel Trockenfutter gefressen |
| Durchfall | Zuviel Milch, kaltes Futter, Schnee gefressen, plötzliche Futterumstellung, Stress |
| Erbrechen | Hat Gras gefressen, hat zu gierig gefressen, Sodbrennen |
| Husten | Verschlucken, vor allem bei gierigem Wassertrinken |
| Mundgeruch | Kot, Aas oder anderes Übelriechendes gefressen |
| Blähungen | Überwiegende Fleischfütterung, plötzlicher Futterwechsel, verträgt Futtersorte nicht |
| Pressen ohne Kot oder Urinabsatz | Verstopfung durch mangelnde Bewegung, zuviel Trockenfutter ohne ausreichendes Trinken, zuviele Knochen, Wehen |
| Schweratmigkeit | Hecheln bei Überhitzung, Anstrengung oder Aufregung |

*Um dem Hund das Maul zu öffnen, fassen Sie mit der einen Hand über die Schnauze, mit der anderen drücken Sie den Unterkiefer nach unten.*

*Zum Fiebermessen halten Sie den Schwanz hoch und führen das Thermometer vorsichtig in den After.*

| Alarmzeichen, wenn diese Symptome hinzukommen | Mögliche Diagnose und Behandlung durch den Tierarzt |
|---|---|
| Speicheln, Fehlschlucken, Husten, Würgen | Fremdkörper (Knochen) im Schlund; Schlundlähmung (Tollwut), Schlunderweiterung: Sofort zum Tierarzt! |
| Erbrechen und Untertemperatur | Nierenschaden (mit Urämie) |
| Apathie, Taumeln, Untertemperatur | Zuckerkrankheit |
| Bei der Hündin: Erbrechen. Fieber, Apathie, eventuell Scheidenausfluß | Gebärmuttervereiterung |
| Blut im Kot, Erbrechen | Wurmbefall, Magen-Darminfektion, Leber- und Bauchspeicheldrüsenerkrankung, Vergiftung: Sofort zum Tierarzt! |
| Bei weiß-gelblichem oder blutigem Schleim | Gastritis. Fremdkörper im Magen, Leber- oder Nierenerkrankung, Vergiftung: Sofort zum Tierarzt! |
| Apathie, Durchfall, hohes Fieber | Schwere Virusinfektion (Staupe, Parvovirose): Sofort zum Tierarzt! |
| Frißt nicht, kein Kot, verspannter Bauch | Fremdkörper im Darm: Sofort zum Tierarzt! |
| Trockener Husten mit Schleimwürgen | Mandel-, Rachen- oder Kehlkopfentzündung (Zwingerhusten) |
| Trockener Reizhusten mit Würgen und teils blutigem Schleim | Fremdkörper oder Tumor im Rachen: Sofort zum Tierarzt! |
| Eitrige Bindehaut- und Nasenentzündung, Schweratmigkeit, Fieber | Erkältungserkrankung, Bronchitis, Lungenentzündung (eventuell Staupe): Sofort zum Tierarzt! |
| Feuchter, tiefer Husten, Schweratmigkeit | Herzfehler mit Lungenstau (Herzasthma), Lungenödem: Sofort zum Tierarzt! |
| Speicheln, eventuell mit Blut | Zahnstein, Parodontose, eitriger Zahn, Fremdkörper (Knochen) oder Tumor im Maul |
| Erbrechen, übermäßiges Trinken, urinöser, fauliger Mundgeruch | Gastritis, schwere Nierenerkrankung mit Urämie |
| Durchfall, heller pastiger Kot | Chronische Bauchspeicheldrüsen- oder Lebererkrankung |
| Vor allem beim großen Hund: Schleimwürgen, ballonartig aufgedunsener Bauch, totale Apathie, stöhnende Atmung | Magendrehung: Sofort zum Tierarzt, muß innerhalb von 4 Stunden operiert werden! |
| Blutiger Schleim oder Blut aus dem After | Knochenkotverstopfung (Knochensplitter im Enddarm): Sofort zum Tierarzt! |
| Blutiger Urin oder Harnträufeln | Harnröhren- oder Blasensteine: Sofort zum Tierarzt! |
| Fieber, Husten, Niesen | Erkältung, Infektion der Atemwege (Zwingerhusten) |
| Tiefer, feuchter Husten, Herzjagen | Herzfehler mit Lungenstau (Herzasthma), Lungenödem: Sofort zum Tierarzt! |
| Pumpendes Atmen mit Bauchpressen | Lungen- oder Zwerchfellriß nach Unfall: Sofort zum Tierarzt! |
| Blasse Schleimhäute, Herzjagen | Innere Blutung nach Unfall oder Vergiftung: Sofort zum Tierarzt! |

## Was Sie können müssen

Damit Ihr Hund erfolgreich behandelt und wieder gesund werden kann, müssen Sie als Tierbesitzer selbst ein paar Handgriffe beherrschen. Wie Sie Augen und Ohren putzen, erfahren Sie auf der Praxis-Seite 38. Außerdem müssen Sie können:

Fiebermessen: (→ Zeichnung, Seite 46). Entgegen der landläufigen Meinung sind heiße Nase, warme Ohren oder trockene Schnauze kein eindeutiges Anzeichen dafür, daß der Hund Fieber hat. Im Gegenteil: Bei hohem Fieber ist die Hundenase meist kalt! Ob der Hund erhöhte Temperatur hat, können Sie an den nicht behaarten Stellen des Rumpfes fühlen, also am Unterbauch und an den Innenschenkeln. Wenn sich diese Stellen ungewöhnlich warm anfühlen, sollten Sie Fiebermessen. Dazu nehmen Sie ein dünnes, unzerbrechliches Thermometer, am besten eines mit Digitalanzeige und Signalton (sie reagieren schneller). Halten Sie die Rute des stehenden Hundes hoch und führen Sie das Thermometer, nachdem Sie es vorne mit Creme eingefettet haben, etwa 3 cm tief in den After. Halten Sie den Hund zu zweit; reden Sie beruhigend auf ihn ein, wenn er unruhig wird. Nach 2 bis 3 Minuten können Sie das Thermometer wieder herausziehen; beim Digitalthermometer reicht 1 Minute, beziehungsweise die Zeit bis zum Signalton. Wenn die Temperatur beim kleinen Hund über 39 °C, beim großen Hund über 38,5 °C liegt, hat der Hund Fieber. Auch bei Untertemperatur liegt der Verdacht auf eine Erkrankung nahe.

Medizin eingeben: Flüssige Medizin füllen Sie am besten in eine Einwegspritze (ohne Nadel!), die Sie in der Apotheke oder vom Tierarzt bekommen. Führen Sie sie seitlich zwischen den Zähnen ins Maul. Halten Sie den Kopf des Hundes leicht hoch und spritzen Sie die Flüssigkeit bei geschlossenem Fang so auf die Zunge, daß er sie schlucken muß.

Tabletten drücken Sie am besten in etwas Hackfleisch oder verstecken Sie in einem anderen Leckerbissen. Achten Sie darauf, daß der Hund die Medizin nicht wieder ausspuckt. Sollte es nicht klappen, öffnen Sie sein Maul, legen ihm die Tablette ganz hinten auf die Zunge und schließen ihm das Maul wieder. Nun kann er nicht anders: Er muß die bittere Pille schlucken. Mit einer Einwegspritze können Sie etwas Wasser nachgeben, damit er besser schlucken kann.

Zäpfchen einführen: Zäpfchen machen Sie mit etwas Vaseline gleitfähig und schieben sie mit dem Finger möglichst tief in den After. Gegebenenfalls können Sie mit einem unzerbrechlichen Thermometer nachschieben. Zäpfchen am besten eingeben, nachdem der Hund Kot abgesetzt hat.

Schnauzenbinde anlegen: Es gibt Hunde, die sich wehren, wenn man Fieber messen oder Zäpfchen einführen will. In diesem Fall müssen Sie in der Lage sein, eine Schnauzenbinde anzulegen. Nehmen Sie eine kräftige Binde von etwa 1 m Länge und formen Sie eine Schlinge, die Sie dem Hund über die Schnauze streifen. Die beiden Enden werden unter der Schnauze überkreuzt und dann hinter den Ohren verknotet.

## Der alte Hund

Wie beim Menschen nehmen auch beim Hund im Alter die Krankheiten zu. Typische Probleme des alten Hundes sind Zahnstein und Zahnverlust, Gelenksarthrosen, Bandscheibenbeschwerden, Herz- und Kreislaufsowie Leber- und Nierenerkrankungen und fast alle Krebsarten. Generell kann man sagen, daß ein Hund, der älter als

*Jessy, 5 Monate alt, ist eine Mischung aus Altdeutschem Schäferhund und Wolfsspitz.*

*Viele Hunde sind leidenschaftliche Schwimmer und stürzen sich bei jeder Gelegenheit ins Wasser.*

10 Jahre ist, öfter als nur zum jährlichen Impftermin zur tierärztlichen Untersuchung sollte. Heutzutage besteht die Möglichkeit, auch bei schweren Krankheiten, wie Herzfehlern, Nieren- oder Leberleiden oder sogar bei Krebs, zu helfen.

Wenn der Punkt gekommen ist, an dem auch die ärztliche Kunst das Leben des Hundes nicht mehr zu verlängern vermag, sollte man den Hund erlösen und ihn einschläfern lassen. Dabei gibt der Tierarzt ein vielfach überdosiertes Schlafmittel meist direkt in die Vene, der Hund spürt nichts und schläft friedlich ein. Ihm diesen ruhigen, schmerzfreien Tod zu ermöglichen, ist man dem Tier nach soviel Jahren Treue und Freundschaft schuldig. Sein Leben zu verlängern, wenn er leidet, ist Egoismus. Schuldig sind Sie es ihm auch, daß Sie ihn auf dem letzten Gang zum Tierarzt begleiten und ihm den Kopf halten, wenn er die erlösende Spritze bekommt.

# Nachwuchs planen – selber mischen

Wer sich entschließt, Hundenachwuchs in die Welt zu setzen, sollte sich der Verantwortung bewußt sein: Er muß nicht nur dafür sorgen, daß die kleinen Welpen gesund und artgerecht aufwachsen, es gilt auch, gute Plätze für die Kleinen zu finden. Sie in den ohnehin schon überfüllten Tierheimen abzugeben, ist keine Lösung.

Der Mischlingshundbesitzer ist kein Züchter im klassischen Sinn: Es kommt ihm nicht darauf an, in Aussehen und Wesen typische Vertreter eines Rassestandards zu produzieren, die sich dann teuer veräußern lassen. Dem Wunsch, Mischlingsnachwuchs zu bekommen, liegt vielmehr das Bedürfnis zugrunde, den eigenen, liebgewonnenen und in seiner Art einmaligen Hund in seinen Nachkommen weiterleben zu lassen. So verständlich dieser Wunsch ist, überlegen Sie, ob Sie wirklich in der Lage sein werden, für die Welpen gute Plätze zu finden. Eine Hündin gebiert im Durchschnitt sechs Junge – daß sie im Tierheim landen, kann nicht Sinn der Sache sein.

### Die Sexualität des Hundes

Läufigkeit: Die Hündin wird zweimal im Jahr läufig. In dieser Zeit – und nur dann – ist sie paarungsbereit. Die erste Läufigkeit kann schon im Alter von 6 Monaten auftreten, große Hunde werden manchmal erst mit 12 Monaten geschlechtsreif.
Die Läufigkeit dauert 2 bis 3 Wochen. In der sogenannten »Vorbrunst«, die etwa 10 Tage lang anhält, zeigt die Hündin sich unruhig, aus der Scheide tritt blutiger Ausfluß. Noch wehrt sie alle Rüden, die bereits großes Interesse bekunden, ab. Das ändert sich jedoch, wenn die »Hochbrunst« beginnt. Die Blutung läßt nach, die Hündin ist paarungsbereit: Sie beißt die Rüden nicht mehr weg, läßt sich bereitwillig beschnuppern und legt den Schwanz zur Seite, wenn sich ein Freier in eindeutiger Absicht nähert.

Eine Hündin kann während einer Läufigkeit aber auch mehrfach und von unterschiedlichen Rüden gedeckt werden. Es können also in einem Wurf Kinder verschiedener Väter vorkommen. Im Gegensatz zur Hündin sind Rüden allzeit bereit. Ein Rüde, der eine läufige Hündin riecht, vergißt alles andere: Er wird unruhig, winselt, heult, läuft davon und verweigert manchmal sogar die Nahrung.
Paarung: Wenn es zur Paarung kommt, schwillt der Penis des Rüden an, der Vaginalring der Hündin verengt sich – die Hunde hängen zusammen. Es kann 15 bis 30 Minuten dauern, bis sie wieder voneinander loskommen. Mischen Sie sich nicht ein! Versuchen Sie auf keinen Fall, die beiden gewaltsam zu trennen! Sie tun den Hunden damit unendlich weh, es kann zu Verletzungen und erheblichen Blutungen kommen.

### Die Wahl des Vaters

Theoretisch können Sie jeden Rüden als Bräutigam für Ihre Hündin wählen – Sie wollen ja Mischlinge. Andererseits aber haben Sie sich sicher schon Gedanken gemacht, welche Wesenszüge Sie gerne bei dem Vater sehen würden, welches Aussehen Ihnen gefallen würde. Vor allem aber wollen Sie gesunde Welpen und da sollten Sie die Partnerwahl nicht dem Zufall überlassen.
Ob es ums Wesen oder ums Aussehen geht: Grundsätzlich gilt, daß sich Eigenschaften durchsetzen, die bei beiden Eltern vorhanden sind. Daher sollten Sie vor der Partnerwahl folgende Überlegungen anstellen:

## Die Größe

Sollen die Jungen größer oder kleiner als die Mutter werden? Je nachdem suchen Sie den Vater aus. Dazu sollten Sie wissen, daß es möglich ist, einen ganz großen Hund mit einem ganz kleinen zusammenzubringen – die Schäfer–Dackel-Mischung zum Beispiel gibt es (→ Seite 78). Die Föten richten sich in der Entwicklung nach der Größe der Gebärmutter, so daß eine kleine Mutter durchaus Kinder eines großen Hundes austragen kann. Der umgekehrte Fall, daß eine große Hündin von einem kleinen Rüden gedeckt wird, kommt häufiger vor und wird zu weniger Problemen bei der Geburt führen. Es ist jedoch abzulehnen, dies bewußt zu planen, denn die Geschöpfe sehen meist so unproportioniert aus, als kämen sie von zwei Planeten.

## Das Aussehen

Man darf und soll sich immer auf eine Überraschung freuen, wenn man zwei Hunde verschiedener Rassen oder zwei Mischlinge zusammenbringt. Nach der Mendelschen Vererbungslehre kann man davon ausgehen, daß die Hälfte der Kinder eine Mischung aus beiden Eltern wird, der Rest tendiert mehr zu dem einen oder dem anderen Elternteil. Dies gilt jedoch nur für Mischlingskinder relativ reinrassiger Eltern. Wenn beide Eltern Mischlinge sind, kann bei den Nachkommen irgendeine Eigenschaft aus der Vorvätergeneration durchschlagen. Die Vielfältigkeit der Erbanlagen, die im Mischling stecken, lassen eine gezielte »Zucht« kaum zu, da man häufig, wenn überhaupt, nur die Eltern und keine früheren Vorfahren kennt. Lassen Sie sich also überraschen und freuen Sie sich darüber, wie phantasievoll die Natur ist.

Aus gesundheitlichen Gründen sollten Sie bei der Wahl des Partners jedoch auf folgendes achten:

<u>Schnauze:</u> Bringen Sie nicht zwei kurzschnauzige Hunde zusammen. Schon bei der Geburt kann es Probleme geben, weil der Kopf der Welpen zu groß ist. Hunde mit kurzgezüchteten Schnauzen leiden häufig unter Atemproblemen. Manche, wie die Pekinesen, bekommen Hornhautentzündungen, weil die für die kurze Schnauze zu üppige Haut Falten unter den Augen

*In einer Wurfkiste sind Mutter und Kinder gut aufgehoben. Bei kleineren Hunden genügt auch ein Korb. Die kleine Meute wird dort in den ersten Wochen ganz allein von der Mutter versorgt.*

Mit Hunden aufzuwachsen, ist für Kinder immer eine Bereicherung. Wenn man sich einen Mischlingshund anschafft, sollte man sich informieren, ob er kinderlieb ist. Aufschluß darüber kann unter anderem auch seine Abstammung geben.
Da Kinder meist nicht die nötige Vorsicht walten lassen, was den hygienischen Umgang mit Hunden betrifft, ist es ganz besonders wichtig, den Hund regelmäßig entwurmen zu lassen.

*Unermüdlich turnen die Kleinen auf der Mutter herum – so lange, bis ihr die spitzen Zähnchen und Krallen lästig werden.*

bildet und die Haare ständig auf der Hornhaut scheuern. Der zu kurze Oberkiefer führt zum Vorbiß (→ Lexikon, Seite 91).
Wenn Sie also einen kurzschnauzigen Hund haben, wählen Sie einen Partner mit langer Schnauze. Mit großer Wahrscheinlichkeit wird sich eine längere Schnauze durchsetzen.

Rücken und Beine: Kreuzen Sie nicht zwei langrückige, kurzbeinige Hunde. Die Kurzbeinigkeit ist eigentlich eine vererbte Krankheit (→ Chondrodystrophie, Seite 82). Zusammen mit dem statisch ungünstig langen Rücken kommt es häufig zu Bandscheibenbeschwerden. In der Regel verlängern sich die Beine durch die Einkreuzung eines normal proportionierten Hundes, aber nicht immer schon in der ersten Generation. So hat der Dackel – Schäfer (→ Seite 78) in der ersten Generation meist noch kurze Beine.

Ohren: Paaren Sie nicht zwei Hunde mit schweren, üppig behaarten Hängeohren. Solche Tiere, wie Spaniel oder Setter, neigen zu chronischen Ohrenentzündungen, weil keine Luft ans Ohr kommt. Suchen Sie einen Partner mit Stehohren. Meist wird sich das Stehohr soweit durchsetzen, daß die Welpen Kipp- oder Knickohren bekommen.

Augen: Achten Sie auf die Augen. Hunde mit zu weiter Lidspalte (→ Lexikon, Seite 89), wie Berner Sennenhund und Bernhardiner, neigen zu chronischer Bindehautentzündung. Das andere Extrem sind zu enge Lidspalten. Auch hier gilt: Bringen Sie nicht zwei Hunde mit derselben Veranlagung zusammen.

### Das Wesen

Geben Sie sich ganz ehrlich Rechenschaft: Welche guten Eigenschaften hat Ihr Hund, was mißfällt Ihnen? Zum Beispiel: Wildert der Hund? Ist er aggressiv, überängstlich, verfressen, ein Kläffer? Auch hier gilt: Eigenschaften setzen sich durch, wenn beide Eltern sie haben, sie können abgeschwächt werden, wenn der Partner das genaue Gegenteil ist.
Über das Wesen des Hundes, der als Vater in Frage kommt, gibt Ihnen am besten der Besitzer des Rüden Auskunft. Wenn der Rüde ein Rassehund ist oder eine Mischung aus zwei Rassehunden, ist es auch hilfreich, sich über die rassetypischen Eigenschaften zu informieren (→ Steckbriefe, Seiten 64 bis 81).

### Aus gesundheitlichen Gründen auf Nachwuchs verzichten?

Sollte Ihre Hündin von einem reinrassigen Elternteil eine Erbkrankheit übernommen haben, sollten Sie unbedingt darauf verzichten, den Hund decken zu lassen. Beispiele für Erbkrankheiten sind: Hüftgelenksdysplasie (→ Lexikon,

Seite 86), degenerative Oberschenkelkopfmißbildung und angeborene Kniescheibenprobleme (kommt bei allen Zwergrassen vor, besonders beim Yorkshire), Allergien, Augenerkrankungen, Zuckerkrankheit sowie Epilepsie. Natürlich darf auch der Vater, den Sie auswählen, unter keiner dieser Krankheiten leiden.

## Die Schwangerschaft

Die Hündin trägt etwa 60 bis 65 Tage. Sie wird in dieser Zeit zusehends träger, verfressener und dicker und muß besonders gut ernährt werden (→ unten). Gegen Ende der Schwangerschaft beginnt sie mit dem Nestbau, stellen Sie ihr deshalb rechtzeitig eine Wurfkiste bereit (→ Zeichnung, Seite 51).
In der 3. bis 4. Woche kann der Tierarzt durch Tasten feststellen, ob die Hündin wirklich trächtig ist. Ab der 6. Woche kann durch eine Röntgenaufnahme Klarheit darüber geschaffen werden, wieviele Welpen zu erwarten sind. In einigen Kliniken gibt es seit neuestem auch die Möglichkeit zur Ultraschalluntersuchung.
<u>Scheinträchtigkeit:</u> Etwa zwei Monate nach der Läufigkeit kann die Hündin auch Anzeichen einer Scheinträchtigkeit zeigen (→ Lexikon, Seite 90). Sie sollten Ihrer Hündin dann das Spielzeug (Ersatzwelpen) wegnehmen, sie am Nestbau hindern und sie vor allem durch lange Spaziergänge ablenken. Kühlen Sie die Zitzen, wenn sie geschwollen und warm sind.

<u>Die Ernährung der schwangeren Hündin</u>
Die trächtige Hündin braucht das Doppelte bis Dreifache dessen, was sie normalerweise frißt. Ihre Nahrung muß besonders viele Mineralien, Spurenelemente und Vitamine enthalten. Gegen Ende der Schwangerschaft und während die Hündin Milch gibt, müssen Sie besonders auf die Zufütterung von Mineralstoffen achten. Beim Tierarzt und im Zoofachhandel erhalten Sie eine Vitamin-Mineralstoff-Mischung in Pulverform, die Sie dem Futter zusetzen.
<u>Wichtig:</u> Während die Hündin Milch gibt, muß sie das Doppelte ihrer Normalration bekommen. Bei schlechter Ernährung verliert sie Haare und magert ab; durch Kalziummangel kann es zu Krampfanfällen kommen.

## Vorbereitungen für die Geburt

<u>Wurfkiste:</u> Die Welpen wachsen am besten in einer Wurfkiste (→ Zeichnung, Seite 51) heran. Sie sollte so hoch sein, daß die Mutter hinein, die Kleinen aber während der ersten Wochen nicht heraus können. Als Faustregel für die Höhe gilt $1/3$ der Schulterhöhe der Mutter. Die Wurfkiste sollte etwa dreimal so groß sein, wie der Körper der liegenden Hündin. In die Wurfkiste kommt eine Decke, in der die Kleinen sich nicht verfangen können – sie darf also keine Fransen oder Löcher haben. Die Kiste muß in einer ruhigen Ecke stehen. Gewöhnen Sie die Hündin schon vor der Geburt an diesen Platz.
<u>Wärmelampe:</u> Besorgen Sie eine 150 Watt starke Infrarotwärmelampe. Die Lampe soll einen Abstand von 50 bis 80 cm vom Boden der Kiste haben und so angebracht sein, daß die Hündin sie nicht umwerfen kann. In den ersten Lebenswochen können die Welpen ihre Eigentemperatur nicht halten und brauchen daher die Lampe als dauernden Wärmespender, vor allem wenn die Hündin die Wurfkiste häufig verläßt.

Normalerweise versorgt die Hündin ihren Nachwuchs in den ersten vier Wochen selbst. Danach sollten Sie sich aber intensiv um die Kleinen kümmern, damit sie sich an den Menschen gewöhnen. Ab der fünften Woche müssen Sie zufüttern, für Reinlichkeit sorgen und die erste Entwurmung durchführen.

## Die Geburt

Wenn die Geburt normal verläuft, brauchen Sie sich nicht um die Hündin zu kümmern, sie schafft das ganz alleine: Wenn sie ein Junges herausgepreßt hat, frißt sie die Fruchthüllen und die ringförmige Plazenta auf und beißt dabei die Nabelschnur durch. Hindern Sie sie nicht daran, die Nachgeburt zu fressen: Die Plazenta enthält Hormone, die die Geburt vorantreiben und die Milchbildung anregen. Nun schleckt die Mutter die behaarten kleinen Babies ab, die zwar noch blind sind, aber ganz instinktsicher das finden, was ihnen das Wichtigste ist: die Zitzen. Die Welpen sollten im Abstand von $1/2$ bis 1 Stunde zur Welt kommen.

Eingreifen müssen Sie, wenn die Hündin die durchsichtigen Fruchthüllen, die das Neugeborene umgeben, nicht entfernt. Öffnen Sie sie dann, damit das Kleine atmen kann, geben Sie die Plazenta der Hündin zum Fressen und entfernen Sie mit einer Schere die Nabelschnur 2 bis 3 cm über dem Bauch des Kleinen. Nun legen Sie den Welpen der Hündin hin, damit sie ihn schleckt.

Hinweis: Anlaß zur Besorgnis besteht, wenn der Abstand zwischen den Geburten mehr als eine Stunde beträgt. Hier kommt Ihnen die Information des Tierarztes zugute, wieviele Junge zu erwarten sind. Rufen Sie den Arzt, wenn nichts mehr vorangeht, es ist möglich, daß ein Welpe zu groß ist oder querliegt.

## Aufzucht der Welpen

In den ersten 4 Wochen kümmert sich die Hündin ganz allein um ihren Nachwuchs: Sie säugt die Kleinen, schleckt den Urin auf und frißt auch den Kot. Sie sollten allerdings kontrollieren, ob wirklich alle Jungen Milch bekommen. Es sind immer ein paar Schwächere im Wurf, die von ihren stärkeren Geschwistern weggedrängt werden. Im Notfall müssen Sie ein Junges mit der Flasche großziehen (→ Seite 22). Vor allem die sogenannte Kolostralmilch (→ Lexikon, Seite 88), die die Hündin am 1. und 2. Tag nach der Geburt gibt, ist wichtig für die Widerstandskraft der Welpen.

Hinweis: Lassen Sie anfangs keine fremden Menschen an die Wurfkiste. Es kann sein, daß die Hündin aggressiv reagiert, weil sie ihre Jungen verteidigen will. Gewöhnen Sie die Kleinen aber etwa ab der 5. Woche an menschlichen Kontakt.

## Entwicklung der Welpen

- Um den 10. Tag öffnen die kleinen Hunde die Augen und dann geht's los: Die Welt wird erforscht, in den Wachphasen wird gespielt und gerauft, bald sind die ersten und frechsten schon in der Lage, aus der Wurfkiste zu steigen.
- Ab der 5. Woche werden die Kinder der Mutter lästig: Die spitzen Zähne und Krallen verletzen sie beim Säugen. Jetzt ist es Zeit zuzufüttern (→ Seite 32).
- Ab der 6. Woche wird entwurmt (→ Seite 40). Nach der 2. Entwurmung in der 8. Woche kommt die 1. Impfung (→ Seiten 40 und 44). Die 2. Impfung nimmt meist schon der neue Besitzer vor. Die Welpen können im Alter von 8 bis 9 Wochen abgegeben werden.

## Abgabe der Welpen

Es ist furchtbar traurig, wenn man sich von den kleinen Kerlen trennen muß, die man von Geburt an kennt und ins Herz geschlossen hat. Tröstlich ist dann nur, wenn man weiß, daß sie in gute Hände kommen. Sollten Sie noch nicht alle Hunde untergebracht haben, gibt es folgende Möglichkeiten:

*Was für uns das Zeitunglesen, ist für den Hund das Schnüffeln.*

*Familienfoto (v.r.n.l.): Mutter (Mittelschnauzer), Vater (liegend, Jagdterrier – Griffon) und die Kinder.*

Rufen Sie Ihren Tierarzt an und bitten Sie ihn, einen Aushang im Wartezimmer zu machen. Vielleicht erklärt sich auch Ihr Zoohändler dazu bereit.
Rufen Sie im Tierheim an und bitten Sie um Vermittlung des Hundes. Die Betreuer im Tierheim können Ihnen auch Ratschläge geben, was Sie zu beachten haben, wenn Sie einen Hund per Zeitungsanzeige an fremde Menschen vermitteln.
<u>Unser Tip:</u> Geben Sie den Hund nie umsonst her! Was nichts kostet, ist nichts wert. Berechnen Sie Futter- und Tierarztkosten und erkundigen Sie sich im Tierheim nach den Preisen, die Versuchslabors für Hunde bezahlen. Verlangen Sie einen höheren Preis, damit sich der Weiterverkauf an ein Labor nicht lohnt.
Empfehlen Sie dem neuen Besitzer auch unbedingt, den Hund vom Tierarzt tätowieren zu lassen, wenn er größer ist. Wenn der Hund verlorengeht, besteht so eher die Chance, daß er wieder an seinen Besitzer zurückgelangt.

Wenn Sie keinen Hundenachwuchs wollen, ist die Kastration der Hündin sicher die beste Lösung. Sie verhindert nicht nur Läufigkeit, Trächtigkeit und Scheinträchtigkeit, sondern beugt auch Brust- und Gebärmutterkrebs vor.

## Wenn Sie keinen Nachwuchs wollen

Die Verpflichtung, Nachwuchs zu verhindern, kommt dem Besitzer der Hündin zu: Wenn eine Hündin läufig ist, findet sich immer ein Rüde, der das bemerkt, egal, welche Entfernung er überwinden muß.

Verschiedene Methoden zur Verhütung einer Schwangerschaft sind möglich:

<u>Aufpassen:</u> Wenn Sie auf Hormone oder medizinische Eingriffe verzichten wollen, bleibt Ihnen nichts anderes übrig, als während der Hochbrunst (→ Seite 50), die etwa 3 bis 4 Tage dauert, aufzupassen, daß es keinem Freier gelingt, an die Hündin heranzukommen. Sie dürfen sie auf keinen Fall von der Leine lassen, auch nicht im eigenen Garten.

<u>Wenn's schon passiert ist,</u> gibt es beim Tierarzt »die Spritze danach«. Das ist eine Hormonspritze, die man im Notfall geben kann, die man aber nicht als Dauerlösung einsetzen darf: Zu groß ist die Gefahr von Gebärmutterentzündung, Eierstockzysten und Tumoren.

<u>Die vorbeugende Spritze,</u> die – regelmäßig alle 4 bis 5 Monate gegeben – verhindert, daß die Hündin läufig wird, ist allerdings auch keine perfekte Lösung. Durch die stete Gabe von Hormonen erhöht sich die Wahrscheinlichkeit von Zysten und Tumoren an Eierstöcken und Gebärmutter.

<u>Die Kastration der Hündin,</u> fälschlicherweise auch Sterilisation (→ Lexikon, Seite 90) genannt, ist die einzig sinnvolle Lösung, wenn man auf Dauer Läufigkeiten und Schwangerschaften verhindern will und zudem die Gesundheit der Hündin bis ins hohe Alter erhalten möchte (→ Lexikon, Seite 88).

Einwände, die Tierbesitzer gegen die Kastration vorbringen, sind sehr oft emotional. Man glaubt, gegen die Natur des Hundes vorzugehen. Dabei besteht doch der weitaus größere Eingriff in die Natur des Hundes darin, daß er nicht mehr frei im Rudel lebt und – an den Menschen gebunden – seine natürliche Sexualität nicht mehr ausleben kann. Es trifft nicht zu, daß Hunde nach der Kastration träge werden. Die Hormonumstellung bewirkt zwar, daß die Hunde verfressener werden, aber nicht die Hormone, sondern das, was der Hund zu fressen bekommt, macht ihn dick und träge. Geben Sie Ihrem kastrierten Hund ein Drittel weniger zu fressen und sorgen Sie für viel Auslauf, dann bleibt er lebhaft und schlank.

Ändern kann sich nach der Kastration das Fell. Vor allem langhaariges Fell wird flaumiger. Als Spätfolge tritt bei großen Hündinnen im Alter gelegentlich im Schlaf Harnträufeln auf, was jedoch hormonell zu behandeln ist.

<u>Die Kastration des Rüden</u> ist dann empfehlenswert, wenn er offensichtlich darunter leidet, daß er sich sexuell nicht ausleben kann, sprich abmagert, aggressiv wird oder ständig davonläuft, um läufige Hündinnen zu verfolgen. Im Alter kann eine Kastration bei Prostataproblemen oder chronischen Blasen- und Nierenproblemen sowie bei Hodentumoren nötig werden.

Auch bei Hunden, die dem Menschen gegenüber aggressiv sind, ist Kastration oft die einzige Lösung. Der Großteil der Problemhunde im Tierheim sind Rüden, mit denen die Besitzer nicht fertig geworden sind. Hier wird Kastration empfohlen und auch oft vom Tierheim vor der Abgabe der Hunde durchgeführt.

# Den Hund verstehen

Der wissenschaftliche Streit ist ausgestanden: Heute weiß man sicher, daß der Hund nicht vom Schakal oder vom Kojoten abstammt, sondern einzig und allein vom Wolf. Mehr als 12 000 Jahre Domestikation haben ihre Spuren hinterlassen und Hunde unterschiedlichsten Aussehens und Wesens hervorgebracht, die jedoch alle etwas gemeinsam haben und noch heute Verhaltensweisen zeigen, die an die wölfische Vergangenheit des Hundes erinnern.

Der Verhaltensforscher Erik Zimen, der sich intensiv mit Wölfen beschäftigt hat, vertritt die Meinung, daß die Domestikation des Wolfes ermöglicht wurde, weil Mensch und Wolf ein verwandtes Verhaltensrepertoire haben. Er schreibt: »Das ist es, was mich am Hund so fasziniert: seine zugleich große Abhängigkeit vom Menschen und seine Selbständigkeit, seine Lebensfreude und seine Fähigkeit, Herrchen und Frauchen so gründlich zu durchschauen... Trotzdem sind es für mich keine ›vierbeinigen Menschen‹, keine Artgenossen, sondern eben Hunde, Tiere.«

**Der Wolf im Hundspelz**
Wölfe sind faszinierende Tiere, die im Rudel nach einer ganz genau abgestuften Rangordnung zusammenleben. Die Rudelführer sind gewöhnlich Rüden, gelegentlich kann jedoch auch eine Hündin der Boss sein. Die Kindererziehung wird von rangniedrigeren Hündinnen übernommen, wenn die leibliche Mutter im Rudel wichtigere Aufgaben zu erfüllen hat. Wölfe bellen kaum, sie verständigen sich untereinander durch genau festgelegte Bewegungen vor allem der Rute und der Ohren sowie durch Körperhaltung und Gesichtsmimik. Sie leben und jagen im Team, ihr Gemeinschaftsgeist ist stark entwickelt. Im Rudel findet der Einzelne Schutz und alle gemeinsam schützen das Rudel.

Sosehr sich der Hund vom Wolf entfernt hat, ein Rudeltier ist er geblieben. Er ist ein soziales Wesen und fühlt sich nur in Gemeinschaft geborgen, sein Rudel ist »sein« Mensch. Ein Hund, der zu viel allein gelassen wird, leidet. Er leidet sosehr, daß er sich in dieser Situation eines Lautes erinnert, den er normalerweise kaum verwendet und der tief in seiner Raubtiervergangenheit wurzelt: Er heult, wie es die Wölfe tun, wenn sie vom Rudel getrennt sind und signalisieren wollen: »Hier bin ich, wo seid ihr?«

*Diese Haltung soll zum Spielen animieren. Lassen Sie sich so oft wie möglich von Ihrem Hund dazu verführen!*

*So ein Hundeleben kann schön sein, wenn man laufen darf, toben und springen, ...*

Auch die Rangordnungsgesetze haben für den Hund noch Gültigkeit: Er versucht immer wieder, seinen Platz in der Hierarchie zu verbessern und sich selbst an die Spitze zu stellen, wenn er seinen Rudelchef nicht akzeptieren kann. Sorgen Sie also dafür, daß Sie dem Hund gegenüber stets die Respektsperson bleiben.

### Wie spricht der Hund?
Ebenso wie sich der Hund innerhalb des Rudels verständlich machen möchte, drückt er sich auch »seinem« Menschen gegenüber aus.

### Die Lautsprache
Der Hund zeigt Gefühle durch Bellen, Jaulen, Winseln, Heulen, Knurren – es soll mehr als 20 verschiedene Lautäußerungen geben, durch die er sich verständlich macht. Beobachten Sie Ihren Hund genau und lernen Sie zu verstehen, in welchen Situationen er sich wie äußert und was er damit sagen will.
<u>Bellen:</u> Der Mensch, der den Hund als Wächter und Warner nützen wollte, hat den Hund zum Bellen erzogen. Bellen kann bedeuten: Alarmzeichen (Wachhund), Zeichen offener Aggression (geiferndes Kläffen), Ausdruck der Freude (beim Spielen, Spazierengehen).
<u>Jaulen</u> ist vor allem ein Ausdruck von Schmerz.
<u>Winseln:</u> Mit einem fiependen Winselton zeigt der Hund ein Bedürfnis an, zum Beispiel, daß er hinaus muß.
<u>Heulen:</u> Alleingelassene Hunde heulen. Manche Rüden heulen auch aus »Liebeskummer« wegen einer läufigen Hündin; es gibt auch ein freudiges Begrüßungsheulen.
<u>Knurren:</u> Ein Warnzeichen, der Hund ist aggressiv.

*... sich bewegen, ganz so, wie es der Natur entspricht.*

### Die Körpersprache

Mehr noch als durch Lautäußerungen zeigt der Hund durch seine Körperhaltung und bestimmte streng ritualisierte Bewegungsabläufe, was in ihm vorgeht. Er hat auch ein Mienenspiel, das man besonders gut bei kurzhaarigen Hunden beobachten kann. Seine stärksten Ausdrucksmittel sind die Ohren und die Rute – sie ihm zu kupieren (→ Lexikon, Seite 88), wie es Züchter bestimmter Rassen aus angeblich ästhetischen oder gar gesundheitlichen Gründen tun, ist eine Verstümmelung: Man nimmt dem Hund die Möglichkeit, Gefühle und Stimmungen zu vermitteln. Ein Hund, der mit dem ganzen Hinterteil wackeln muß, weil er keinen Schwanz mehr hat, ist ein Bild des Jammers. Lassen Sie sich also nie von jemandem dazu überreden, neugeborenen Welpen den Schwanz kupieren zu lassen.

Um zu verstehen, was der Hund durch seine Körperhaltung äußert, müssen Sie immer das Gesamtbild sehen: Im Zusammenspiel von Ohren, Rute, Körper, Mimik und Lautäußerung liegt die Aussage. Beobachten Sie Ihren Hund und lernen Sie seine spezifischen Ausdrucksmittel kennen. Typische Beispiele:

Aggression: Knurren, gefletschte Zähne, angelegte Ohren. Der Hund nimmt eine geduckte, sprungbereite Haltung ein.

Angst: Eingeklemmter Schwanz, angelegte Ohren. Zittern, Wasserlassen.

Unterwürfigkeit: Der Hund kriecht mit eingeklemmtem Schwanz robbend auf dem Boden. Legt er sich auf den Rücken, signalisiert er totale Unterwerfung.

Spielaufforderung: Der Hund setzt sein »Spielgesicht« auf, die Vorderbeine liegen auf dem Boden und mit den Hinterbeinen tänzelt er auffordernd.

*Zu den Fotos:
Der Hovawart – Setter (→ Seite 67) ist der ideale Hund für eine Familie mit Kindern. Er ist gutmütig, robust und leicht zu erziehen. Ein Hund dieser Größe braucht jedoch viel Auslauf.*

### Wie antwortet der Mensch?

Wesentlicher Bestandteil der einzigartigen Beziehung zwischen Mensch und Hund ist die Kommunikation zwischen beiden, das heißt, der Mensch antwortet, wenn der Hund ihm ein Bedürfnis zeigt. Spielen Sie also mit Ihrem Hund, wenn er Sie darum bittet. Sprechen Sie mit ihm. Entscheidend ist der Tonfall: Auch wenn das Tier keine verbale Sprache kann, empfindet es die Ansprache doch als Zuwendung. Kraulen und streicheln Sie ihn und zwar nicht nur am Kopf. Hunde lieben es, wenn man ihnen über die Brust streicht oder sie liebevoll an der Schwanzwurzel krault. Auch das sanfte, vorsichtige Reiben der Ohrmuschel empfinden sie als Geste der Zärtlichkeit.

### Der Hund und seinesgleichen

Selbst wenn der Hund auf den Menschen fixiert ist, gehört der Kontakt mit Artgenossen zu seinem Leben, und es ist Ihre Verpflichtung, ihm Begegnungen mit anderen Hunden zu ermöglichen. Nur durch häufigen, am besten von Ihnen nicht beeinflußten Kontakt mit seinesgleichen kann er vernünftiges Sozialverhalten lernen.
Je angstfreier Sie dabei sind, desto leichter wird es Ihrem Hund fallen, Freundschaften zu schließen. Wenn Sie einen kleinen Hund haben, reißen Sie ihn nicht hoch, wenn ein größerer Hund kommt. Lassen Sie den Hund, wann immer es die Situation erlaubt, von der Leine, wenn er mit anderen Hunden zusammentrifft. Angeleinte Hunde gebärden sich wesentlich aggressiver.
Hundebegegnungen laufen nach einem ganz bestimmten Ritual ab: Wenn sich Hunde begrüßen, stolzieren sie mit erhobener Rute aufeinander zu und wedeln in ganz kurzen Schlägen mit dem Schwanz. Die Ohren sind aufgestellt. Es kommt zum Nasenkontakt und dann zum gegenseitigen Beschnuppern der Analregion oder des Geschlechtsteils. Vor allem Rüden haben ein Ritual des Markierens, in das Sie nicht eingreifen sollten.
Raufereien: Auch wenn es mal bedrohlich aussieht und die Hunde sich anknurren, heißt das noch lange nicht, daß es zur Beißerei kommt. Sprechen Sie in Ihrer Rolle als »Rudelführer« besänftigend auf Ihren Hund ein, wenn er der aggressivere ist. Zeigt der andere Hund sich angriffslustig, rufen Sie Ihren Hund zu sich. Falls es trotzdem einmal zu einer gefährlichen Beißerei kommen sollte, gehen Sie nicht mit der Hand, sondern mit dem Fuß dazwischen!

### Sinnesorgane im Vergleich

Augen: Der Hund sieht etwa so gut wie der Mensch. Seine Welt ist zwar weniger farbig, dafür ist aber sein Dämmerungssehen wesentlich besser ausgeprägt als unseres. In der Ferne nehmen Hunde bewegte Gegenstände besser wahr als unbewegte.
Ohren: Hören können Hunde wesentlich besser als wir. Ihr Gehörsinn ist vor allem im Hochfrequenzbereich ausgeprägt. Während wir im Erwachsenenalter zwischen 12 000 und 20 000 Schwin-

*Demutsgebärde: Wenn der Hund sich so auf den Rücken legt, bedeutet das die totale Unterwerfung.*

*Angriffsposition: Der Hund fletscht die Zähne, legt die Ohren an und knurrt.*

gungen pro Sekunde wahrnehmen, kann der Hund zwischen 30 000 und 40 000 Schwingungen pro Sekunde aufnehmen. Denken Sie an die für uns nicht hörbare Hundepfeife.

Nase: Ein wahres Wunderwerk ist die Nase des Hundes. Bestimmte Gerüche nimmt er millionenfach stärker auf als der Mensch. Er kann eine Spur noch nach Tagen verfolgen. Wenn er beim Spaziergang stehenbleibt und schnuppert, holt er sich Informationen aus seiner Umgebung. Zerren Sie ihn also nicht weg, auch wenn Sie meinen, daß er eine halbe Ewigkeit an der Ecke schnüffelt. Sein Geruchssinn informiert den Hund auch, wie »sein« Mensch gestimmt ist, ob er erregt ist oder wütend.

## Warum macht der Hund das?

Das Bein heben: Rüden und gelegentlich auch Hündinnen heben beim Urinieren das Bein. Sie markieren mit dieser Duftnote ihr Revier und überdecken die Geruchsmarken anderer Hunde. Mit Vorliebe suchen sie sich erhabene Stellen, Bäume, Pfosten oder Mauerecken, damit die Markierung länger erhalten bleibt und besser von anderen Hunden zu riechen ist.

Hecheln: Das Maul ist offen, die feuchte Zunge hängt heraus, die Atmung geht schnell: der Hund hechelt. Da er an der Haut keine Schweißdrüsen hat, ist dies seine Art zu schwitzen.

Scharren: Rüden scharren nach dem Kotabsatz. Obwohl sie meist neben dem Kot scharren, wollen sie damit wohl ihre Markierung ausbreiten. Da sie gelegentlich aber auch beim »Konkurrenz-Beinheben« scharren, das Teil des Kennenlernens ist, scheint es sich auch um eine Art Imponiergehabe zu handeln.

Viele Hunde drehen sich im Kreis und scharren, bevor sie sich hinlegen, egal ob ihre Unterlage ein Teppich oder der glatte Boden ist. Diese instinktive Handlung stammt aus der Zeit, als der Hund sich im Steppengras oder in der Höhle sein Lager bereiten mußte.

Wälzen in Stinkendem: Hunde haben ein ganz anderes Duftempfinden als wir. Wenn sie sich in Kadavern wälzen, überdecken sie ihren eigenen Geruch und machen sich dadurch für andere Hunde interessant. Der Gedanke liegt nahe, daß das, was wir für wohlriechend halten, wie zum Beispiel Parfum, für die Hundenase eine ebensogroße Zumutung ist, wie für unsere Nase der Gestank von Kadavern oder Kot.

Den eigenen Schwanz jagen: Ein Spieltrieb, den Hunde häufig aus Langeweile entwickeln. Bei Hunden, die zuviel alleine sind, kann das so weit gehen, daß sie sich sogar den Schwanz aufbeißen.

Hunde stammen vom Wolf ab, und vieles in ihrem Verhaltensrepertoire erinnert noch an die wölfische Vergangenheit. Wer Hunde verstehen, richtig erziehen und behandeln will, darf nicht vergessen, daß der Hund ein Rudeltier ist, der sich den Gesetzen des Rudels unterordnen will und auch versucht, sich zum Rudelführer aufzuschwingen, wenn ihn keine Autorität daran hindert.

# Gemischtes in allen Variationen

Es gibt ein beliebtes Ratespiel unter Mischlingshund-Besitzern, und das lautet: »Was ist denn da drin?« Man stellt sich diese Frage beim eigenen Hund, wenn man dessen Ahnen nicht kennt, und man will es auch von dem wissen, den man beim Spaziergang trifft. Die Antwort fällt oft recht ausführlich aus, denn hinter jedem Mix steckt eine Geschichte, die Frauchen und Herrchen gerne erzählen, und die illustriert, daß jeder dieser Hunde etwas ganz Besonderes, Einmaliges ist. Und daß die Besitzer deswegen so stolz auf die kleinen Hunde mit der großen Persönlichkeit sind, weil es so etwas wie ihren »Maxi« oder »Struppi« kein zweites Mal gibt.

Auch als wir die Beispiele auswählten, die wir Ihnen auf den folgenden Seiten vorstellen wollen, sind wir immer wieder auf Geschichten gestoßen: Einige davon sind Teil der Steckbriefe geworden. Dieser persönliche Aspekt ist wichtig, denn es soll nicht der Eindruck entstehen, diese Steckbriefe seien objektive, den Rassestandards entsprechende Festschreibungen und Schematisierungen. Das widerspräche dem Wesen der Mischlinge, deren Reiz ja auch in ihrer Originalität liegt.

Sehen Sie die Steckbriefe also als Anregungen: Versuchen Sie anhand der Beispiele herauszufinden, was in Ihrem Hund steckt. Machen Sie sich Gedanken über mögliche charakterliche Anlagen, die Sie bei der Erziehung beachten müssen. Informieren Sie sich über Krankheiten, die der Hund vielleicht vererbt bekommen hat und die Sie bei Früherkennung eher heilen können.

**Hinweise zu den Stichwörtern:**
<u>Größe und Gewicht</u> sind immer als Durchschnittswerte angegeben, wobei die Größe nach der Schulterhöhe (senkrechter Abstand des oberen Randes der Schulterblätter vom Boden) gemessen wird.
<u>Die Eltern</u> sind nicht immer bekannt, manchmal weiß man nicht einmal, wer die Mutter ist. So mußten wir in einigen Fällen Vermutungen anstellen.
<u>Aussehen, Wesen, Verhalten, Krankheiten:</u> Aussagen darüber sind immer nur Wahrscheinlichkeitsaussagen. Wie auf Seite 51 beschrieben, kann man in der Vererbungslehre keine 100prozentigen Prognosen stellen, zu viele Faktoren spielen mit, man weiß nie, was aus der Vorväter-Generation durchschlägt. Die Aussagen sind umso präziser, je klarer die Mischungen sind: Wo nur zwei Rassen beteiligt sind, ist es einfacher, Gültiges über Aussehen, Wesen, Verhalten und Krankheiten zu äußern.
<u>Bei der Haltung</u> gehen wir davon aus, daß ein Hund durchschnittlich 1 bis 2 Stunden pro Tag Auslauf braucht. Wenn der Hund überdurchschnittlich viel Bewegung und Auslauf braucht, ist dies angegeben.
<u>Übrigens:</u> Das Wort »Mix« wollen wir hier bewußt einführen. Es hat sich in Fachkreisen schon eingebürgert und ist nicht negativ besetzt.

**D**er Mischling hat keinen Sachwert und ist daher ungeeignet für Leute, die sich einen Hund als Statussymbol halten. Umso idealer ist er für Menschen, die sich wirklich etwas Besonderes leisten können: einen Hund, den es so kein zweites Mal mehr gibt, eine kleine eigenständige Persönlichkeit, die keiner Norm entspricht.

*Raufen gehört zum Spiel – meistens sieht es gefährlicher aus als es ist.*

# Freundlich und gelehrig

1 Dalmatiner – Labrador.

2 Dalmatiner – Münsterländer: ein extravagantes Geschwisterpaar.

**1 Dalmatiner – Labrador**
Größe, Gewicht: 55 cm, 25 – 30 kg.
Eltern: Dalmatiner und Labrador.
Aussehen: Kurzhaarig. Die körperliche Wucht des Labradors wird durch den eleganten Körperbau des Dalmatiners ausgeglichen.
Wesen, Verhalten: Eine in jeder Hinsicht positive Mischung: beide Eltern sind kinderlieb, menschenbezogen, freundlich, anspruchslos. Sehr leicht zu erziehender Hund. Idealer Familienhund.
Pflege, Haltung: Das kurze Fell ist einfach zu bürsten. Großer Bewegungsdrang, begeisterter Schwimmer.

Krankheiten: Der Labrador kann die Neigung zu Hüftgelenksdysplasie vererbt haben, der Dalmatiner die Tendenz zu Harnsteinen. Wegen der Liebe zum Wasser besteht die Gefahr der Ohrenentzündung.
Hinweis: Labrador-Mischungen sind wegen ihrer Familien- und Kinderfreundlichkeit weit verbreitet. Viele der kurzhaarigen, mittelgroßen, dunkel- oder weißgefleckten Mischlinge, die man so häufig sieht, scheinen vom Labrador abzustammen.

**2 Dalmatiner – Münsterländer**
Größe, Gewicht: 50 cm, 20 – 25 kg.
Eltern: Dalmatiner und Münsterländer.
Aussehen: In der Regel mittellanges bis kurzes Haar; kräftiger ausgewogener Körperbau; Hängeohren; lange Schnauze.
Wesen, Verhalten: Lebhafter, aufmerksamer, lernfähiger Hund, personenbezogen, spielfreudig. Kinderfreundlicher Familienhund.
Pflege, Haltung: Kurzes, einfach zu pflegendes Haar. Großer Bewegungsdrang, will beschäftigt und spielerisch gefordert werden.

# Idealer Kinderhund

*3 Hovawart – Setter: gutmütig, robust, ein idealer Spielkamerad für Kinder.*

<u>Krankheiten:</u> Neigung zu Harnsteinen (Dalmatiner-Erbe); gelegentlich kann Hüftgelenksdysplasie auftreten. Tendenz zu Ohrenentzündungen, Hautallergien.
<u>Zum Foto:</u> Wie gelehrig Mischlinge sein können, zeigt das Beispiel der beiden oben abgebildeten Geschwister: Daisy und Ruto sind Stars. Zusammen mit zwei Schwarzbären treten sie in »Wynand-Adrian's Bären- und Hunderevue« auf, wo sie durch papierbespannte Reifen springen und andere Kunststücke vorführen.

**3 Hovawart – Setter**
<u>Größe, Gewicht:</u> 65 cm, 25 – 30 kg.
<u>Eltern:</u> Hovawart und Setter.
<u>Aussehen:</u> Langhaariges, weiches Fell; Hängeohren; buschiger Schwanz.
<u>Wesen, Verhalten:</u> Eine gute Kombination: Der zur Nervosität neigende Setter wird durch die robuste Souveränität des Hovawarts positiv beeinflußt. Gutmütiger, leicht zu erziehender Hund. Ein Familienhund, mit dem Kinder machen können, was sie wollen, er neigt keinesfalls zur Aggressivität. Auch als Wachhund geeignet.

<u>Pflege, Haltung:</u> Das Fell muß regelmäßig gebürstet werden. Der Hund braucht viel Auslauf.
<u>Krankheiten:</u> Neigung zu Ohrenentzündungen und zu Hüftgelenksdysplasie.
<u>Hinweis:</u> Ein Hund dieser Größe fühlt sich in einer Etagenwohnung nicht wohl. Ideal wäre für ihn ein Haus mit großem Garten.

# Leicht zu erziehen

1 Sheltie – Labrador-Mix.

2 Spitz-Mischung, 1/2 Jahr alt.

3 Spitz-Mischung, 6 Jahre alt.

## 1 Sheltie – Labrador-Mix

**Größe, Gewicht:** 50 cm, 20 – 25 kg.
**Eltern:** Sheltie und vermutlich Labrador-Mix.
**Aussehen:** Langhaar bis Rauhhaar; Kipp- bis Hängeohren; spitze, leicht verbreiterte Schnauze.
**Wesen, Verhalten:** Aufgeweckter, spielfreudiger Hund, einfach zu erziehen, kinderlieb.
**Pflege, Haltung:** Da dieser Mix vorwiegend langhaarig ist, muß man der täglichen Fellpflege Zeit widmen. Ein Hund, den man auch gut in der Wohnung halten kann, wenn es einen nicht stört, daß er haart.
**Krankheiten:** Vom Sheltie können Augenkrankheiten (→ Merlefaktor, Seite 89) vererbt worden sein, vom Labrador Hüftgelenksdysplasie.
**Hinweis:** Der Sheltie ist ein Hütehund, der aussieht wie ein kleiner Collie. In der Kombination mit dem größeren Labrador-Mix ergibt sich ein ideal proportionierter, mittelgroßer Hund.

# Ursprünglich und robust

**2, 3, 4 Spitz-Mischlinge**

Zur Familie der Spitze gehören sehr ursprüngliche Hunde, die den nordischen Hunden (Samojede, Finnspitz) ähneln. Auch der Chow-Chow, die chinesische Variante, ist ein Mitglied der Spitzfamilie. Welche Rassen bei den abgebildeten Mischlingen außer dem Spitz enthalten sind, läßt sich nicht feststellen.

<u>Größe, Gewicht:</u> Spitze können in verschiedenen Größen, vom Zwergspitz bis zum Wolfsspitz auftreten. Das heißt, ihre Größe variiert von 20 – 50 cm Schulterhöhe und ihr Gewicht reicht von 5 – 25 kg. Spitz-Mischlinge können also – je nach dem zweiten Elternteil – entweder kleine oder mittelgroße Hunde sein.

<u>Aussehen:</u> Bei Mischungen setzt sich in der Regel das Spitz-Aussehen durch, da diese Rasse sehr ursprünglich ist und sich das Bild über viele Generationen gefestigt hat. Der Spitz hat ein mittellanges, buschiges Fell, Stehohren, einen buschigen Ringelschwanz und meist eine lange Schnauze.

<u>Wesen, Verhalten:</u> Lebendige, aufgeweckte Hunde, lernfähig und leicht dressierbar. Personenbezogen, jedoch mißtrauisch gegen Fremde. Kläffer, vor allem in der kleinen Form. Gute Wach- und Familienhunde.

<u>Pflege, Haltung:</u> Da sich meist mittellanges Haar mit dichtem Unterfell durchsetzt, muß man Spitz-Mischlinge täglich kämmen. Im Spiel leicht erziehbar.

<u>Krankheiten:</u> Lediglich beim Zwergspitz und dessen Mischungen kann es – wie bei allen Zwergrassen – zu Kniescheibenproblemen, Hüftgelenksverkümmerung, kollabierender Luftröhre und Zahnproblemen kommen. Ansonsten sind Spitze gesund und robust. Beim Spitz-Mischling muß man sich natürlich erkundigen, wer der andere Elternteil war und welche Krankheiten von dieser Seite zu erwarten sind.

<u>Zu Foto 3:</u> Die Liebe geht manchmal verrückte Wege: Da sah einmal ein Mann auf einem Bauernhof ein kleines Wollknäuel von Hund. Hat vielleicht mit ihm geschmust oder gesprochen – was immer, es war genug: Der Hund beschloß, daß dies sein Herr sei und kein anderer. Das Problem war nur: Der Mann wollte gar keinen Hund. Also brachte er ihn immer wieder zurück, wenn der kleine Kerl bei ihm auftauchte. Ein Jahr lang ging das so. Immer wieder zurück mit dem Hund. Soll mir keiner sagen, daß der Mann nicht (heimlich) sein Herz entdeckte für den hartnäckig Liebenden. Dennoch bedurfte es einer dramatischen Zuspitzung, bevor das Happy-end für beide kam. Der kleine Hund war so verhungert, daß er sich aus der Aschentonne ernähren mußte. Dies sehen und Purzel zu sich nehmen, war eins für den Mann. Und das war der Beginn einer großen Freundschaft…

4 Spitz-Mischung mit besonders prächtigem Haarkleid.

# Mutig und bewegungsfreudig

*1 Boxer – Schäfer: er braucht konsequente Erziehung.*

Alle Hunde auf dieser Seite brauchen überdurchschnittlich viel Auslauf und sind daher nicht geeignet für Stubenhocker.

*2 Boxer – Greyhound.*

*3 Jagdhundmischung.*

### 1 Boxer – Schäfer
<u>Größe, Gewicht:</u> 60 cm, 30 – 35 kg.
<u>Eltern:</u> Boxer und Deutscher Schäferhund.
<u>Aussehen:</u> In der Regel die längere Schnauze des Schäfers, die schwarze Gesichtszeichnung des Boxers und dessen Haarkleid. Kräftiger Hund, meist mit Kippohren.
<u>Wesen, Verhalten:</u> Die liebenswerte, spielfreudige Art des Boxers wirkt ausgleichend auf den zur Aggressivität neigenden Schäferhund. Mutiger, robuster Familienhund, guter Wachhund.
<u>Pflege, Haltung:</u> Das meist kurze Fell ist leicht zu bürsten. Der Hund braucht viel Platz, am besten einen Garten, und viel Auslauf. Er muß konsequent erzogen werden.
<u>Krankheiten:</u> Von beiden Elternteilen kann er die Neigung zu Hüftgelenksdysplasie, Wirbelsäulenproblemen, Hornhautentzündung, Hautallergien und Verdauungsbeschwerden geerbt haben.

### 2 Boxer – Greyhound
<u>Größe, Gewicht:</u> 65 cm, 25 – 30 kg.
<u>Eltern:</u> Boxer und Greyhound.
<u>Aussehen:</u> Kurzhaarig; lange Schnauze; häufig weiße Brust; meist Kippohren.
<u>Wesen, Verhalten:</u> Die Robustheit des Boxers gleicht die übergroße Sensibilität des Windhundes aus. Ruhiger, gutmütiger Hund, menschenorientiert und leicht erziehbar. Vorsicht im Wald: Der Hund neigt zum Wildern! Guter Familienhund.
<u>Haltung:</u> Der Hund braucht viel Bewegung, er muß 2 – 3 Stunden am Tag rennen können, am besten neben dem Fahrrad.
<u>Krankheiten:</u> Beide Eltern neigen zu Hüftgelenksdysplasie. Die Anfälligkeit des Greyhounds für Handwurzel- und Fußwurzelverletzungen wird durch den robusten Knochenbau des Boxers ausgeglichen.

# Leidenschaftlicher Schwimmer

*4 Dogge – Labrador: der friedfertige Labrador kann die aggressive Neigung der Dogge ausgleichen.*

## 3 Jagdhundmischung aus Elba

**Größe, Gewicht:** 50 cm, 20 kg.
**Eltern:** Dieser für Elba typische Hund zeigt Jagdhund-Erbe; die gelegentlich auftretenden Rosenohren (im Ansatz enge Kippohren) sprechen für Windhund-Vorfahren.
**Aussehen:** Kurzhaariges Fell; drahtig, schlanker Körperbau.
**Wesen, Verhalten:** Anhänglicher, lieber, dankbarer Hund. Guter Familienhund, wenn man sich Zeit zur Eingewöhnung nimmt.
**Pflege:** Einfach zu bürsten.
**Krankheiten:** Typische Krankheiten sind nicht bekannt (→ »Mittelmeer-Mix«, Seite 80).

**Zum Foto:** Billy, der hier abgebildete, 1,5 Jahre alte Rüde, kam im Alter von drei Tagen zu seinen Besitzern und wurde mit der Flasche aufgezogen. Da er als Waisenkind groß wurde, hatte er furchtbare Angst vor anderen Hunden. Das legte sich erst, als er in die Hundeschule ging.

## 4 Dogge – Labrador

**Größe, Gewicht:** 65 cm, 35 – 40 kg.
**Eltern:** Dogge und Labrador.
**Aussehen:** Kurzhaarig; in der Regel wuchtiger Kopf der Dogge; kräftiger Körper; Hängeohren.
**Wesen, Verhalten:** Die aggressive Neigung der Dogge wird durch die liebe, umgängliche Art des Labradors ausgeglichen. Guter Wachhund.
**Pflege, Haltung:** Einfach zu bürsten. Braucht viel Bewegung. Oft sind diese Hunde leidenschaftliche Jäger und schwimmen gern (Labrador-Erbe). Konsequent und mit strenger Hand erziehen (Doggen-Erbe).
**Krankheiten:** Beide Eltern neigen zu Hüftgelenksdysplasie. Als Doggen-Erbe können sich im Alter Schulter-, Ellbogen- und Kniearthrosen bilden. Gefahr der Magendrehung (→ Seite 47). Bei Nachkommen kann der Merlefaktor (→ Seite 89) auftreten.

# Verspielt und temperamentvoll

1 Bracke – Pudel-Mix: lebhaft und gelehrig.

2 Dackel – Yorkshire: klein, aber kein Schoßhund.

## 1 Bracke – Pudel-Mix

**Größe, Gewicht:** 40 cm, 15 kg.
**Eltern:** Bracke und eine Mischung aus Pudel und vermutlich Münsterländer.
**Aussehen:** Wuscheliges, gelocktes Fell des Pudels; Hängeohren von beiden Eltern; kompakter, wohlproportionierter Hund.
**Wesen, Verhalten:** Die Eigenwilligkeit der Bracke gepaart mit der Liebenswürdigkeit und Munterkeit des Pudels ergibt eine gute Mischung. Ein Hund, der spielerisch und freudig lernt. Guter Familienhund, ausgezeichneter Wächter. Vorsicht: Jagdtrieb.
**Pflege, Haltung:** Das lockige Fell muß regelmäßig gebürstet werden; der Hund haart kaum. Wichtig: Zahn- und Ohrenpflege nicht vernachlässigen (Pudel-Erbe). Mit diesem Mix muß man viel spielen, er will beschäftigt werden.
**Krankheiten:** Bracken sind kaum anfällige Hunde; vom Pudel kann vererbt worden sein: Neigung zu Mandelentzündung, Bandscheibenbeschwerden, Harnsteinbildung und im Alter frühzeitige Linsentrübung.
**Zum Foto:** Daß ein Mädchen in einer richtigen Jungenbande nichts zu suchen hat, weiß jeder richtige Junge. Was also tun, wenn ein Hund ins Haus kommt, den die Bande dringend als Mitglied braucht, der sich aber dann als Hündin entpuppt? Ganz einfach: Man nennt die Hündin Maxi. Und die akzeptiert die Geschlechtsumwandlung auch: Maxi hebt das Bein wie ein Rüde und scharrt danach ganz wichtig, genauso wie es ihre männlichen Artgenossen tun.

## 2 Dackel – Yorkshire

**Größe, Gewicht:** 25 cm, 5 – 7 kg.
**Eltern:** Dackel und Yorkshire.
**Aussehen:** Je nach Art des Dackels setzt sich rauhes bis langhaariges Fell durch; der Kopf trägt deutliche Yorkshire-Züge; lange Schnauze; Hängeohren, kurze Beine (Dackel-Erbe).
**Wesen, Verhalten:** Aufgeweckter, sehr selbstbewußter Hund, im Alter manchmal stur (Dackel-

# Kinderfreundliche Wuschel

*3 Tibet-Terrier-Mischlinge: unkomplizierte Hunde mit besonders hoher Lebenserwartung.*

Erbe). Jagt gerne. Muß konsequent erzogen werden. Sind beide Eltern Zwergrassen, ist er vermutlich ängstlich. Spielfreudiger Familienhund. Kein Schoßhund!
Pflege, Haltung: Fell täglich kämmen und bürsten. Regelmäßige Zahnpflege nötig (Yorkshire-Erbe). Will viel beschäftigt werden.
Krankheiten: Neigung zu Bandscheibenproblemen (Erbe beider Eltern); vom Yorkshire: Neigung zu Kniescheiben- und Gebißproblemen und zu Oberschenkelkopfverkümmerung.
Hinweis: Auch wenn der Yorkshire, vor allem in der Zwergzüchtung, von allen Hunden der am meisten mit angezüchteten Erbkrankheiten belastete Hund ist, kann man davon ausgehen, daß das Erbe des Dackels viele dieser Defekte positiv beeinflußt.

## 3 Tibet-Terrier-Mischlinge

Größe, Gewicht: Linker Hund: 40 cm, 10 – 12 kg; rechter Hund: 20 cm, 3 – 4 kg.
Eltern: Hier muß man raten: Der linke Mix kommt aus Spanien und hat wahrscheinlich Hütehundvorfahren (Pyrenäen Schäferhund). Vorfahre könnte auch ein Tibet Terrier (Lhasa Apso) sein. Im rechten Hund ist eindeutig ein Yorkshire zu erkennen, vielleicht war ein Elternteil Shih Tzu (kleiner Tibet Terrier).
Aussehen: Wuscheliges Langhaar; Hängeohren; Neigung zu buschigem Ringelschwanz (Tibet-Terrier-Erbe).
Wesen, Verhalten: Lebendiger, unkomplizierter Hausgenosse, sehr gelehrig. Guter Wachhund. Kinderfreundlicher Familienhund.
Pflege: Das lange Haar verlangt viel Pflege. Verfilzungen herausschneiden (→ Seite 21). Haare vor den Augen wegschneiden, damit der Hund freie Sicht hat.
Krankheiten: Yorkshire-Erbkrankheiten → links. Von der Tibet-Terrier-Seite hat man kaum Erbkrankheiten zu befürchten, allerdings können beim Shih Tzu Probleme durch Kleinzüchtung und Kurzschnauzigkeit auftreten.

# Der Einfache und der Schwierige

1 Cocker – Puli-Mix: sein Fell braucht viel Pflege.

2 Gebirgsschweißhund – Dogo Argentino.

### 1 Cocker – Puli-Mix

**Größe, Gewicht:** 40 cm, 15 – 20 kg.
**Eltern:** Cocker Spaniel und eine Mischung aus Puli (Ungarischer Hirtenhund) mit Bayerischem Gebirgsschweißhund.
**Aussehen:** Meistens setzt sich langes Haar durch; Hängeohren; wohlproportioniert.
**Wesen, Verhalten:** Lustiger, lebhafter und sehr gelehriger Hund; das Puli-Erbe dämpft die meist unruhige Art des Cockers; neigt zum Wildern. Kinderfreundlicher Familienhund.
**Pflege:** Regelmäßig kämmen, bürsten, Verfilzungen herausschneiden (→ Seite 21).
**Krankheiten:** Bandscheibenbeschwerden, eventuell Ohrenprobleme (Cocker-Erbe).
**Zum Foto:** Man sieht es ihm nicht an, aber Maxi ist schon fast 10 Jahre alt. Sein Leben verdankt er »seinen« Menschen, denn eigentlich sollte er eingeschläfert werden. Davor hat ihn seine Familie gerettet, und Maxi bedankt sich täglich aufs neue durch seine lustige, fröhliche Art. Richtig sauer wird er nur, wenn's ans Bürsten geht. Dann knurrt er – und wer könnte ihm das verdenken bei dem dichten Pelz?

### 2 Gebirgsschweißhund – Dogo Argentino

**Größe, Gewicht:** 55 cm, 25 – 30 kg.
**Eltern:** Bayerischer Gebirgsschweißhund und Dogo Argentino, eine kleinere Doggenart.
**Aussehen:** Kurzhaarig; mächtiger Kopf mit kräftigem Oberkiefer (Doggen-Erbe); Hängeohren; meist etwas kürzere Beine und langer Rücken.
**Wesen, Verhalten:** Schwieriger, zum Raufen neigender Hund. Sehr lernfähig, muß aber mit fester Hand erzogen werden. Als Familienhund weniger geeignet. Guter Jagd- und Spürhund.

# Liebenswerte Familienhunde

*3 Beagle – Bracke: ein Meutehund mit Familiensinn.*

*4 Basset – Collie.*

Pflege, Haltung: Einfach zu bürsten. Sehr großer Bewegungsdrang. Der Hund will beschäftigt und abgerichtet werden.
Krankheiten: Neigung zu Hüftgelenksdysplasie und Bandscheibenbeschwerden.
Hinweis: Nicht geeignet für Anfänger.

### 3 Beagle – Bracke

Größe, Gewicht: 40 cm, 15 kg.
Eltern: Beagle und vermutlich Deutsche Bracke.
Aussehen: Kurzhaarig; Hängeohren; langer Rücken; kräftiger Körper; kurze Beine.
Wesen, Verhalten: Eigenwilliger, schwer zu erziehender Hund, sehr familienorientiert. Guter Jagd- und Familienhund; neigt jedoch zum Entlaufen (Jagdtrieb).
Pflege, Haltung: Einfach zu bürsten. Braucht viel Bewegung.
Krankheiten: Neigung zu Ohrenentzündung und Bandscheibenproblemen.
Hinweis: Beagle und deren Mischungen sind Meutehunde und als Einzelhunde schwer zu halten und zu erziehen.

### 4 Basset – Collie

Größe, Gewicht: 40 cm, 30 kg.
Eltern: Basset und Collie.
Aussehen: Meist langhaarig; lange, spitze Schnauze; Hängeohren; kurzbeinig; langer Rücken.
Wesen, Verhalten: Eine interessante Mischung: Vom Collie die Sensibilität und vom Basset die robuste Dickfelligkeit. Gut zu erziehen, freundliches Wesen. Idealer Familienhund.
Pflege: Bei Langfelligkeit pflegeintensiv.
Krankheiten: Neigung zu Hüftgelenksdysplasie (Collie-Erbe) und Ellbogendysplasie (Basset-Erbe), Bandscheibenbeschwerden und Ohrenentzündung.
Zum Foto: Obiges Bild zeigt einen Basset – Collie, bei dem sich entgegen der hohen Wahrscheinlichkeit nicht die Langhaarigkeit, sondern die Kurzhaarigkeit durchgesetzt hat.

# Eigenwillig und wachsam

1 Chow-Chow – Berner Sennenhund: konträre Charaktere.

## 1 Berner Sennenhund – Chow-Chow

**Größe, Gewicht:** 50 – 60 cm, 25 – 30 kg.
**Eltern:** Berner Sennenhund und Chow-Chow.
**Aussehen:** Häufig setzen sich die Gesichtsmaske des Berner Sennenhundes und die blaugefleckte Zunge des Chow-Chows durch. Das Fell ist halblang mit dichter Unterwolle.
**Wesen, Verhalten:** Der Chow-Chow ist als eigenwilliger Hund bekannt, der sich nur auf einen Menschen konzentriert, während der Berner Sennenhund das genaue Gegenteil ist: ein verspielter Familienhund, sozial und menschenorientiert. In der Mischung kann dies zu ausgeglichenen, ruhigen, anhänglichen Hunden führen. Dominiert der Chow-Chow-Anteil, ist der Hund wegen seiner Eigenwilligkeit jedoch schwer zu erziehen. Guter Wachhund; in der Regel auch guter Familienhund, der in der Wohnung gehalten werden kann, wenn das Haaren nicht stört.
**Pflege:** Pflegeintensiv, da er gründlich gebürstet werden muß.
**Krankheiten:** Vom medizinischen Standpunkt ist dies eine empfehlenswerte Mischung, da sich die angezüchteten negativen Erbanlagen gegenseitig aufheben: Der Chow-Chow neigt zur engen Lidspalte (→ Lexikon, Seite 89), der Berner Sennenhund zur weiten. Auch die Gefahr, daß sich eine Hüftgelenksdysplasie des Berner Sennenhundes im Mix durchsetzt, wird durch die Chow-Chow-Einkreuzung vermindert.
**Hinweis:** Diese Mischung ist interessant, weil zwei charakterlich völlig entgegengesetzte Typen zusammentreffen: Der Chow-Chow – der größte Individualist unter den Hunden – und der freundliche, soziale und umgängliche Berner Sennenhund.

## 2, 3 Bernhardiner – Collie

**Größe, Gewicht:** 65 cm, 50 – 60 kg.
**Eltern:** Bernhardiner und Collie.
**Aussehen:** Meist setzen sich die längere Schnauze des Collies und der mächtige Kopf des Bernhardiners mit seinen Hängeohren durch. Das Fell ist mittellang und leicht gewellt.
**Wesen, Verhalten:** Das bequeme bis phlegmatische Wesen des Bernhardiners findet eine ideale

# Gutmütiger Wachhund

2 Bernhardiner – Collie.

3 Aus dem kleinen Welpen ist ein kräftiger Hofhund geworden.

Ergänzung durch den aktiven, manchmal übernervösen Collie. Die Übersensibilität des Collies gleicht sich durch die ruhige, robuste Art des Bernhardiners aus. Dieser Mix ist in der Regel ein gutmütiger, wachsamer, bellfreudiger Hund. Guter Wachhund; im Prinzip auch guter Familienhund, allerdings kann manchmal im Alter das Bernhardiner-Erbe durchschlagen, und dann heißt es: Vorsicht mit Kindern! Bernhardiner werden im Alter oft unberechenbar.
Pflege: Das dichte Haar muß täglich gekämmt werden; der Hund haart stark.

Krankheiten: Beide Eltern neigen zu Hüftgelenksdysplasie sowie zur Magendrehung (der Hund muß nach dem Fressen unbedingt ruhen). Vom Bernhardiner kann dieser Mix die zu weite Lidspalte geerbt haben (hängendes Unterlid, tränende Augen), vom Collie verschiedene Augenkrankheiten und die Neigung zu Nasenekzemen, die durch die Sonne verursacht werden. Beim Collie-Erbe kann auch gelegentlich der Merlefaktor (→ Lexikon, Seite 89) auftreten.
Hinweis: Da dieser Hund sehr viele Haare verliert und sehr schwer werden kann, ist es nicht ideal, ihn in einer Etagenwohnung zu halten. Wegen seines Gewichts fällt ihm das Treppensteigen schwer. Ein Haus mit Garten wäre für ihn die richtige Umgebung.
Zu Foto 2, 3: Aus Welpen werden Hunde, das sieht man an Wacki. Mit drei Monaten schaut er noch etwas skeptisch in die Welt, ein halbes Jahr später ist er zu einem (fast) perfekten Hofhund herangewachsen. »Fast« perfekt deshalb, weil er zwar weiß, daß man so einen Bauernhof mit kräftiger Stimme bewachen muß, aber noch nicht realisiert hat, daß die Hühner auf dem Hof auch zu bewachen und nicht zu jagen sind.

# Eigenwillig wie ein Dackel

1 Dackel – Schäfer: so sieht man sie oft – mit kurzen Beinen.

2 Dackel – Schäfer: auch so gibt es sie – wohlproportioniert.

### 1, 2 Dackel – Schäfer

Größe, Gewicht: 40 cm, 20 – 30 kg.
Eltern: Dackel und Deutscher Schäferhund.
Aussehen: In der Regel ähnelt der Dackel – Schäfer im Aussehen dem Schäferhund, vom Dackel hat er meist die kurzen Beine.
Wesen, Verhalten: Recht selbstbewußter, aufgeweckter, lernfähiger Hund, den man allerdings sehr konsequent erziehen muß. Denn der Aggressionstrieb des Schäferhundes kombiniert mit der Sturheit des Dackels führen dazu, daß sich ein schlecht erzogener Hund aggressiv seinen Artgenossen oder auch Menschen gegenüber verhält. Guter Wächter, nicht unbedingt geeignet als Kinderhund.
Pflege, Haltung: Wegen des dichten Fells ist tägliches Bürsten nötig. Man muß sich immer wieder erzieherisch mit ihm beschäftigen und die Bereitschaft des Schäferhundes, sich unterzuordnen, ausnützen, indem man ihn auch beim Spiel abrichtet.
Krankheiten: Wegen des langen Rückens (Dackel-Erbe) kann es zu Bandscheibenproblemen kommen. Der Schäferhund kann vererben: Hüftgelenks- und Ellbogendysplasie, chronische Hornhautentzündung, Neigung zu Hautallergien und Bauchspeicheldrüsenproblemen.
Hinweis: Diese Kombination ist nicht unbedingt erstrebenswert. Die Kinder so unterschiedlich großer Hunde sehen meist doch etwas unproportioniert aus.

# Kein Hund für Anfänger

*3 Trautes Familienglück: Rottweiler und Schäferhund mit Nachwuchs.*

## 3 Rottweiler – Schäfer

<u>Größe, Gewicht:</u> 60 – 70 cm, 35 – 45 kg.
<u>Eltern:</u> Rottweiler und Deutscher Schäferhund.
<u>Aussehen:</u> Meistens ähnelt der Rottweiler – Schäfer in Farbe und äußerer Erscheinung mehr dem Rottweiler. Seine Schnauze ist länger als die des Rottweilers, insgesamt wirkt er weniger bullig.
<u>Wesen, Verhalten:</u> Ruhiger, sehr lernfähiger, gut abzurichtender Hund, der allerdings mit großer Konsequenz und fester Hand erzogen werden muß, da er von beiden Elternteilen ein starkes Aggressionspotential mitbekommen hat. Guter Wachhund. Im Umgang mit Kindern ist vor allem beim Spielen Vorsicht geboten.
<u>Pflege, Haltung:</u> Das meist kurzhaarige Fell muß einmal pro Woche gebürstet werden. Der Hund braucht täglich 2 bis 3 Stunden Auslauf. Man muß sich immer wieder erzieherisch mit ihm beschäftigen und verlangen, daß er sich unterordnet. Sonst gewinnt er sehr schnell die Oberhand und kann gefährlich werden.
<u>Krankheiten:</u> Beide Rassen neigen zu Hüftgelenks- und Ellbogendysplasie. Die Tendenz des Schäferhundes zu allergischen Hauterkrankungen, chronischer Hornhautentzündung und Bauchspeicheldrüsenproblemen wird durch die Rottweiler-Einkreuzung eher gemindert.
<u>Hinweis:</u> Wenn man einen Rottweiler und einen Schäferhund kreuzen will, sollte man vom Tierarzt untersuchen lassen, ob beide frei von Hüftgelenksdysplasie sind.

# Anhänglich und dankbar

1 Mittelmeerhunde: herrenlos und hungrig.

Herrenlosen Hunden können Sie helfen, indem Sie sich an ausländische Tierschutzorganisationen wenden (→ Adressen, Seite 95).

2 Ihr Los hängt oft von Touristen ab.

## 1, 2, 3 Der »Mittelmeer-Mix«

Man sieht sie überall in Südeuropa, in den Städten und am Strand: Hunde ohne Herren, oft krank, verhungert, geschlagen, verschüchtert. Die Urlauber aus den reichen Ländern sind oft die einzigen, die sich um diese armen Wesen kümmern: In vielen Touristenorten werden die streunenden Hunde während der Saison von den Gästen durchgefüttert und danach von der Gemeinde vergast oder vergiftet. So erbarmen sich immer mehr Touristen dieser Tiere (→ auch Kapitel »Der Findelhund«, Seiten 16 bis 21) und kehren mit einem »Mittelmeer-Mix« vom Urlaub zurück. Hier soll eine kurze Typisierung dieser Hunde versucht werden:

Aussehen: Ob Elba, Malta oder Ibiza – jede Insel verfügt über ihren eigenen Hundetypus. Und auch auf dem Festland trifft man in bestimmten Regionen immer wieder auf Hunde ähnlichen Aussehens. Mal klein und schwarz-braun, mal mittelgroß und wuschelig. Das Gros der wilden Hunde, die den Mittelmeerraum bevölkern, läßt sich so beschreiben: mittelgroß, schlank und hochbeinig; kurzes, meist helles Fell (blond, sandfarben oder beige gefleckt); Steh- oder Kippohren; lange, spitze Schnauze.

Diese Hunde haben edle und uralte Vorfahren: Man vermutet, daß bereits zur Zeit der Phönizier hochbeinige Wind- und Laufhunde mit schmalen Köpfen und Stehohren von Nordafrika aus im Mittelmeerraum Verbreitung fanden. Dieser Hundetyp ist bereits auf altägyptischen Wandgemälden zu sehen.

Viele dieser Hunde verwilderten und paarten sich mit den Gebrauchshunden, die in der entsprechenden Region gehalten wurden: mit Jagd- oder Hütehunden. Regionale Typen kristallisierten sich heraus, wobei

# Ahnen unbekannt

*3 Kein Wunder, daß ihr Aussehen so stark variiert.*

natürlich auch das Klima eine Rolle spielte: In den heißen Küstengebieten setzte sich das kurzhaarige, helle Fell durch, während in den höheren Regionen das lange, wuschelige Fell, ein Erbe der Hütehunde, dominant ist.

Frisches Blut kam in früheren Zeiten durch Hunde, die auf Schiffen gehalten wurden. Sie waren klein, wachsam, unterhaltsam – man kann sie sich als Spitzmischungen vorstellen. Heute sind es oftmals Hunde der Touristen, die sich mit den einheimischen Artgenossen paaren, so daß es durchaus möglich sein kann, daß ein herrenloser Hund aus Mallorca oder der Türkei Züge eines Rassehundes trägt.

Wesen, Verhalten: Wenn sie ihre Ängstlichkeit und Scheu überwunden haben, sind verwilderte Hunde, die sich einem Menschen angeschlossen haben, sehr liebe und dankbare Tiere. Positiv auf das Verhältnis Hund-Mensch wirkt sich aus, daß diese Hunde sich einem Menschen anschließen, den sie sich ausgesucht haben, den sie mögen und riechen können. Sonst ist es ja umgekehrt: der Mensch trifft die Wahl. Auch werden Findelhunde in der Regel gute Familienhunde, da sie es gewohnt sind, die Gesetze des Rudels zu achten.

Haltung: Am Anfang kann es bei Hunden, die gewöhnt waren, frei zu sein, Probleme geben, wenn man sie auf die Wohnung beschränken muß.

Krankheiten: Außer Leischmaniose, Babesiose (→ Seite 19) sind keine typischen Krankheiten der wilden Hunde aus dem Mittelmeerraum bekannt. Man weiß auch nicht, ob es auf bestimmten Inseln durch Inzest bedingte Erbkrankheiten gibt. Generell kann man sagen, daß durch die natürliche Auswahl nur die stärksten und gesündesten dieser Tiere überleben. Mittelmeerhunde leiden meist unter Würmern, Räude und anderen Parasiten.

# Hunde Lexikon

## A

### Antikörper
Eiweißstoffe im Blut, die zu den Gammaglobulinen gehören und spezifische Abwehrstoffe gegen verschiedene Infektionen darstellen. Antikörper werden durch die jährliche Impfung gebildet. Sie sind auch in der Milch enthalten, die die Welpen in den ersten Tagen nach der Geburt von ihrer Mutter bekommen (→ Kolostralmilch, Seite 88).

### Afterkralle
auch Afterzehe oder Wolfskralle (→ Seite 91).

### Alphatiere
Ranghöchste Tiere (Hündin oder Rüde) in einem Rudel. Nach den Gesetzen des Wolfsrudels dürfen sich nur Alphatiere paaren.

### Analdrüsen
Duftdrüsen, die beiderseits des Afters liegen, und den Kot des Hundes mit einer persönlichen Duftmarke versehen. Hunde beschnuppern einander in der Analregion wegen dieser »Geruchsvisitenkarte«.

### Angstbeißen
Übersteigerte Aggressivität, die dazu führt, daß der Hund zubeißt, wenn er sich bedroht fühlt. Angstbeißer sind vor allem kleine Hunde, die keine Gelegenheit hatten, natürliches Verhalten gegenüber ihren Artgenossen zu erlernen. Zu Angstbeißern können aber auch Schutzhunde (zum Beispiel Deutscher Schäferhund) werden, wenn sie falsch, das heißt nicht konsequent genug, erzogen wurden.

### Artgerechte Haltung
Laut Tierschutzgesetz ist der Hundebesitzer verpflichtet, seinen Hund artgerecht zu halten. So heißt es in § 2, daß der Tierhalter das Tier seiner Art und seinen Bedürfnissen entsprechend angemessen ernähren, pflegen und unterbringen muß. Kritiker meinen, daß der Begriff artgerecht zu vage ist und besser durch rasse- oder typgerecht ersetzt werden solle, da die Unterschiede zwischen Rassen oder Typen doch sehr groß sind.

### Atavismus
Aus der entwicklungsgeschichtlichen Vergangenheit der Hunde stammende Merkmale im Erscheinungsbild. Beispiel: Wolfskralle (→ Seite 91). Mischlinge weisen häufiger atavistische Merkmale auf als überzüchtete Rassehunde.

## B

### Beißunfälle
Man schätzt, daß die 3,8 Millionen registrierten und etwa 1 Million nicht registrierten westdeutschen Hunde jährlich 35 000mal zubeißen. In den wenigsten Fällen jedoch verursachen sie dabei schwere Verletzungen.
»Gemäß den Angaben der deutschen Versicherungswirtschaft starben zwischen 1950 und 1990 im Jahresdurchschnitt 1,4 Menschen durch Hundebisse – im Vergleich zu den 11 000 Verkehrstoten, die Deutschlands Autofahrer alljährlich auf der Strecke lassen, verhalten sich Deutschlands Hunde mithin recht zivilisiert.« Die Hauptübeltäter unter den bissigen Hunden sind Dobermann, Dogge, Rottweiler und Deutscher Schäferhund. »Auf diese Rassen, so eine Erhebung der Hamburger Bezirksämter, entfielen 77% aller Bißwunden. ... Ganz vorne liegt dabei, mit 47%, der Deutsche Schäferhund.«
(Spiegel 36/1991)

## C

### Chondrodystrophie
Entartung von Knorpelgewebe. Bei bestimmten Rassen (zum Beispiel Französische Bulldogge, Corgi, Dackel, Basset, Pekinese, Spaniel) schließen sich die knorpeligen Wachstumsfugen der Röhrenknochen frühzeitig. Dadurch kommt es zu der von Züchtern erwünschten Kurzbeinigkeit. Da die Bandscheiben ebenfalls aus knorpelartigem

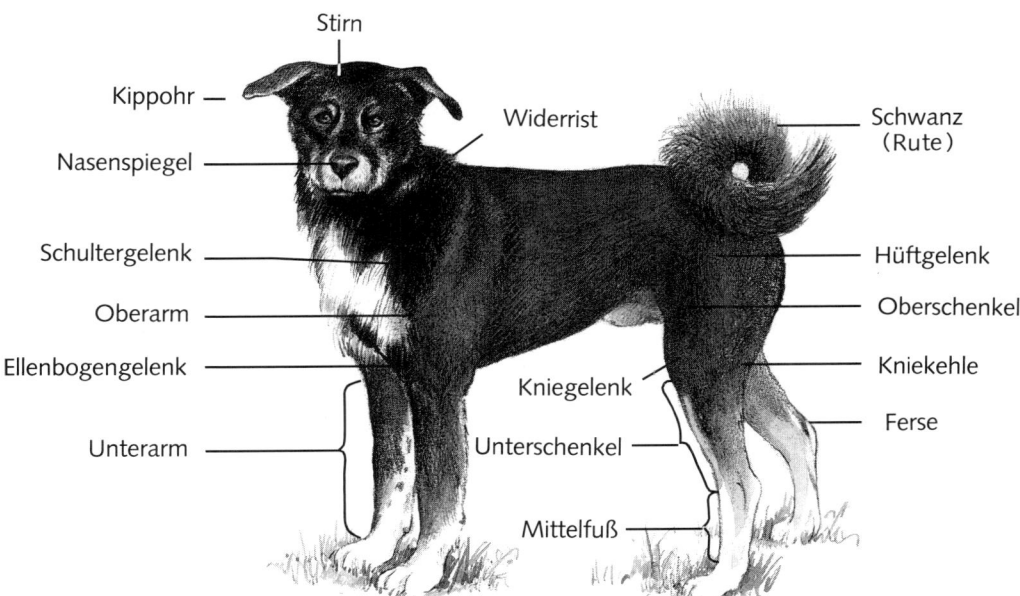

Gewebe bestehen, sind auch sie betroffen: Es kommt zu frühzeitiger degenerativer Kalkeinlagerung. Die Bandscheiben werden spröde und brüchig. Auch bei normaler Belastung kann es zum »Vorfall« von Bandscheibenmaterial kommen, das auf das Rückenmark oder abzweigende Nerven drückt und zu starken Beschwerden führt (Schmerzen, Verspannungen, Lähmungen bis zur Querschnittslähmung).

## D

### Daumenkralle
Die hohe Kralle an der Innenseite der Vorderbeine, die keinen Bodenkontakt hat (→ Praxis-Seite 39). Sie fehlt gelegentlich bei Kleinhunderassen, wie zum Beispiel Yorkshire Terriern, und deren Mischungen (degenerativer Zuchteffekt).

### Defektzucht
Auch Qualzucht. Zucht von Rassen, bei denen offensichtliche Erbfehler zum Rassestandard erhoben werden. Züchter solcher Rassen verfolgen oft falsche Schönheitsideale oder handeln aus reiner Gewinnsucht, wenn sie ihre erbkranken Produkte als Rarität teuer verkaufen. Beispiele: Tigerdackel, getigerte Dogge, Blauscheck Collie (→ Merlefaktor, Seite 89); mexikanischer Nackthund, chinesischer Faltenhund (Shar Pei) sowie alle Superzwergarten von Yorkshire, Pudel, Shih Tzu, Chihuahua, Pappillon. Je nachdem wie man diesen Begriff definiert, könnte man auch extrem kurzschnauzige und kurzbeinige Hunde dazurechnen.

### Dominant
Dominante Eigenschaften setzen sich bei der Vererbung durch und unterdrücken rezessive (→ Seite 90). Zum Beispiel ist dunkle Haarfarbe häufig dominant.

## F

### Fersenbiß
Wenn Hunde spielen und einander jagen, zwickt der Verfolger den Gejagten häufig in die Hinterbeine. Diese Geste ist auch bei jungen Wölfen zu beobachten.

Besitzer von Rassehunden sehen es oft nicht gern, wenn ihr Liebling das Interesse eines Rasselosen weckt. Zum Glück sind Hunde da weniger dünkelhaft. Egal ob gemischt oder reinrassig, eine Hundebegegnung verläuft nach strengen Regeln: Nach dem Nasenkontakt geht's weiter mit der sogenannten Analkontrolle, dem Beriechen der Hinterseite. In den Analdrüsen werden Geruchsstoffe gebildet, die den Kot des Hundes mit einer ganz persönlichen Duftmarke versehen und das Interesse von Artgenossen erregen.

# Hunde Lexikon

## G

### Gebiß
Das Gebiß des Hundes ist ein Fleischfressergebiß, das weniger zum Kauen als zum Abbeißen und Reißen sowie zum Verbeißen und Festhalten geeignet ist. Der Hund besitzt in der Regel im Milchgebiß 28, im bleibenden Gebiß 42 Zähne.

## H

### Haarwechsel
Im Frühjahr und im Herbst wechselt der Hund die Haare besonders intensiv. Wie stark der Haarwechsel ist, hängt davon ab, wie der Hund gehalten wird und welchen klimatischen Einflüssen er ausgesetzt ist. Während dieser Zeit sollte man den Hund besonders gut bürsten und dem Futter genügend Flocken (vor allem Hefeflocken) und pflanzliche Öle zusetzen.

### Hängeohr
Vom Ohrenansatz herabhängendes Ohr, wie bei Spaniel, Setter, Pudel. Neigt durch mangelnde Luftzufuhr zu Entzündungen des äußeren Gehörgangs.

### Haftpflichtversicherung
Das BGB bestimmt in § 833, daß der Tierhalter grundsätzlich haftet, wenn durch sein Tier ein Mensch getötet, verletzt oder eine Sache beschädigt wird. Man spricht in diesem Zusammenhang von der sogenannten »Gefährdungshaft«.
Die Haftpflichtversicherung springt immer dann ein, wenn sich die Tiergefahr verwirklicht hat. Der Hund, der plötzlich über die Straße läuft und einen Unfall verursacht, ist genauso versichert, wie der Hund, der eine Keilerei mit einem anderen anfängt oder einen Radfahrer vom Fahrrad zerrt.
Nicht versichert ist ein Hund, der als Waffe mißbraucht und bewußt gegen Menschen oder Hunde eingesetzt wird. Hier verwirklicht sich nicht die Tiergefahr, sondern der aufgezwungene Wille des Menschen.
Jeder Hundehalter sollte eine Haftpflichtversicherung für sein Tier abschließen. Sie kostet zwischen 100 und 150 DM.

### Hecheln
Stoßartiges Aus- und Einatmen bei geöffnetem Maul. Die Zunge hängt heraus, der Hund speichelt stark. Hecheln dient dem Temperaturausgleich bei Hitze, nach Anstrengung oder bei Erregung. Hunde haben außer im Bereich der Pfoten keine Schweißdrüsen und können ihre Körpertemperatur folglich nicht durch Schwitzen und die dadurch entstehende Verdunstungskälte ausgleichen. Beim Hecheln verliert der Hund Flüssigkeit. Daher braucht er bei Hitze viel frisches Wasser.

### Heterosiseffekt
oder Kreuzungsvitalität nennt man den Effekt, daß die Widerstandskraft gegenüber Krankheiten und die Fruchtbarkeitsrate zunehmen, wenn man Vertreter verschiedener Rassen oder Mischungen kreuzt – wie das beim Mischling immer der Fall ist. Der Gegensatz dazu ist die Inzuchtdepression.

### Hüftgelenksdysplasie
Abgekürzt HD. Vererbte Mißbildung der Hüftgelenke, bei der die Gelenkspfanne des Beckens in der Form nicht mit dem Oberschenkelkopf übereinstimmt. Im Alter kommt es durch frühzeitige Abnutzung zur Hüftgelenksarthrose. Unter HD leiden besonders große Rassen, vor allem Deutscher Schäferhund, Boxer, Dogge, Leonberger und Bernhardiner. Inzwischen versucht man die HD einzudämmen, indem man erkrankte Tiere nicht mehr zur Zucht zuläßt.
Wenn Sie einen großen Mischlingshund besitzen, der sich fortpflanzen soll, sollten Sie ihn unbedingt röntgen lassen. Anhand der Röntgenaufnahme des Hüftgelenks kann der Tierarzt beim Hund ab dem Alter von 1 Jahr die Neigung zur HD feststellen.

## Hund als Sache

Durch das Gesetz zur Verbesserung der Rechtsstellung des Tieres wird das Tier im Zivilrecht nicht mehr als Sache behandelt. Wird nun ein Mischlingshund verletzt, zum Beispiel von einem anderen Hund angefallen, so bestimmt § 251 Absatz 2 BGB, daß die aus der Heilbehandlung anfallenden Kosten (Tierarzt etc.) nicht bereits dann unverhältnismäßig sind, wenn sie den Wert des Tieres erheblich übersteigen. Für einen Mischlingshund, der keinen Verkaufswert, wohl aber einen ideellen Wert hat, bedeutet dies, daß der Schädiger die Tierarztkosten selbst dann zu bezahlen hat, wenn diese Kosten den Wert des Tieres um ein Vielfaches überschreiten.

*Boxer mit natürlichen Hängeohren und kupierten Stehohren. Inzwischen ist das Kupieren der Ohren in Deutschland und der Schweiz verboten.*

## Hundealter

Beim Altersvergleich von Mensch und Hund muß man davon ausgehen, daß das 1. Lebensjahr des Hundes etwa 15 menschlichen Lebensjahren entspricht. Nach dem 5. Lebensjahr entsprechen 1 Hundejahr etwa 4 Menschenjahre. Es gilt folgende Tabelle zum Altersvergleich:

| Lebensjahre von Hund: | Mensch: |
|---|---|
| 1 | 15 |
| 2 | 24 |
| 3 | 28 |
| 4 | 32 |
| 5 | 36 |

Grundsätzlich kann man sagen, daß kleinere bis mittelgroße Hunde wesentlich älter werden als große. So erreichen zum Beispiel Boxer, Dogge oder Bernhardiner in der Regel nur ein Alter von 10 bis 12 Jahren, wogegen Pudel, Foxterrier oder Dackel durchaus 16 bis 18 Jahre alt werden können. Allerdings gilt, daß extrem klein gezüchtete Hunde, wie Yorkshire oder Zwergpudel, nicht so alt werden wie ihre mittelgroßen Artgenossen.

## Hundekrankenversicherung

Seit etwa 5 Jahren bieten einige Versicherungsgesellschaften auch Krankenversicherungen für Hund und Katze an. Die Beiträge sind relativ niedrig, verglichen mit dem, was man für die eigene Versicherung zahlt: etwa 16 DM pro Monat. Zu 80% übernommen werden alle Tierarztkosten. Auch vorbeugende Maßnahmen, wie Impfung oder Entwurmung, werden bis zum Betrag von 50 DM bezahlt. Die Hunde dürfen beim Abschluß der Versicherung nicht älter als 5 Jahre sein. Erkundigen Sie sich bei Ihrem Tierarzt nach weiteren Einzelheiten.

## Hundesteuer

Hundesteuer wird von den Gemeinden in unterschiedlicher Höhe erhoben. Die Gemeinde ist nicht verpflichtet, dieses Geld für Hunde auszugeben. Daher empfinden viele Hundebesitzer diese Steuer als ungerecht, zumal erwiesen ist, daß selbst die Verunreinigung der Straßen durch Hunde kein Argument für die Hundesteuer ist: Bei einer Untersuchung gaben 46 von 51 Stadt-Reinigungsämtern zu, daß Hundekot gar keine Mehrkosten verursacht.

## I

### Inzucht

Paarung nahverwandter Tiere. Inzucht kommt auch in der Natur vor und hat bei den ersten Nachkommen noch keine negativen Folgen. Durch Züchtung in zu engen (verwandten) Linien entstehen im Verlauf der Generatio-

# Hunde Lexikon

nen jedoch sogenannte Zuchtdefekte (Erbkrankheiten). Durch Einkreuzung anderer Rassen (Bastardisierungseffekt mit einer Art Blutauffrischung) lassen sich solche Defekte quasi genetisch heilen.

## J

### Jodeljaulen
(Acclamatio nelli). Hohe, singende Lautäußerungen mancher Hunde; Zeichen der Begrüßung oder freudiger Erregung.

## K

### Kastration
Beim Rüden Entfernung der Hoden wegen Aggressivität, Hypersexualität, Prostataerkrankungen oder Hodentumor. Bei der Hündin Entfernung der Eierstöcke und eines großen Teils der Gebärmutter. Der Eingriff wird zur Verhinderung von Läufigkeit, Schwangerschaft und Scheinträchtigkeit (→ Seite 90) durchgeführt und ist eine vorbeugende Maßnahme gegen Brust- und Gebärmutterkrebs sowie Gebärmutterentzündungen.

### Kippohr
In unterschiedlicher Höhe umkippende Ohrmuschel, wie beispielsweise beim Collie und Foxterrier. Seit das Kupieren der Ohren in Deutschland und der Schweiz verboten ist, sieht man die natürlichen Kippohren zunehmend auch bei Dogge, Boxer und Dobermann.

### Knochen
Für die Erhaltung und Pflege des Gebisses ist es wichtig, daß Hunde etwas zu beißen bekommen. Geeignet sind Kauknochen aus Büffelhaut, Ochsenziemer oder fester Hundekuchen. Knochen sollte man nicht öfter als 2mal pro Woche geben. Am besten eignen sich Gelenkstücke großer Knochen von Kalb und Rind (Kugelknochen). Vorsicht bei Geflügel- und Schweineknochen: Die Röhrenknochen des Geflügels splittern und können zu Verletzungen im Enddarmbereich führen. Schweinerippen (Kotelettes, Spare Ribs) darf man nur in sehr geringen Mengen verfüttern: Frißt der Hund zu viele, führt das zu Verstopfung mit steinhartem Kot, im Extremfall zu Darmverschluß.

### Kolostralmilch
Milch, die die Hündin in den ersten Tagen nach der Geburt gibt. Sie ist eiweißreicher und enthält wichtige Antikörper für die Abwehr- und Widerstandskraft der Welpen.

### Kreuzung
Bastardisierung. Paarung von Tieren verschiedener Rassen. Alle Rassehunde sind ursprünglich so entstanden, zum Beispiel ergeben Neufundländer und Bernhardiner den Leonberger. Die jüngste deutsche Hunderasse ist der Kromfohrländer, der aus Drahthaarfox und bretonischem Grif-fon entstand.

### Kupieren
(→ auch Zeichnung, Seite 87). Das Abschneiden oder Kürzen von Ohren und Schwanz bei bestimmten Rassehunden (zum Beispiel Stehohr bei Boxer, Dogge, Dobermann; Stummelschwanz bei Boxer, Schnauzer). Wie und ob kupiert wird, legt der jeweilige Rassestandard fest. Die Gründe zum Kupieren sind rein ästhetischer Art: Gesundheitliche Gründe, zum Beispiel die Neigung zu Ohrenentzündungen, sind nur vorgeschoben. Im Gegenteil, bei langohrigen Rassen (Spaniel, Setter), die zu Ohrenentzündungen neigen, ist das Kupieren im Rassestandard nicht vorgesehen. Das Kupieren ist ein Eingriff, der den Hund seiner wichtigsten Ausdrucksmittel Ohren und Schwanz beraubt. Daher ist das Kupieren der Ohren in Deutschland und in der Schweiz verboten. Der Schwanz darf allerdings bis zum Alter von 8 Tagen kupiert werden. Kein Mischlingshundbesitzer sollte das seinem Hund antun!

## L

### Letalfaktor
und Semiletalfaktor. Erbanlage, die zu Totgeburten oder hoher Welpensterblichkeit führt. Von Semiletalfaktor spricht man, wenn das Tier aufgrund einer Erbkrankheit vor der Geschlechtsreife stirbt. Oft sind die Letalfaktoren an andere, vom Rassestandard erwünschte Merkmale gebunden, zum Beispiel die Weißfleckigkeit von Tigerdackel, Dogge, Boxer, Collie und anderen Rassen (→ Merlefaktor, rechts). Die Natur scheint sich gegen Überzüchtung dadurch zu wehren, daß die Produkte solcher, meist künstlich durch den Menschen gewollter, Fortpflanzung nicht mehr lebensfähig sind.

### Lidspalte
Zu weite Lidspalte: Hunde, bei denen das untere Augenlid so weit herunterhängt, daß die rosafarbene Bindehaut sichtbar wird, leiden unter einer zu weiten Lidspalte (Ektropium). Sie neigen zu chronischer Bindehautentzündung (Berner Sennenhund, Bernhardiner, Basset).
Zu enge Lidspalte: Hunde mit zu engen Lidspalten (Entropium) sehen so aus, als ob sie die Augen zusammenkneifen. Das liegt daran, daß das Auge so tief in der Haut liegt, daß die Fellhaare auf der Haut die Hornhaut des Auges ständig reizen. Bei manchen Hunden liegt das Auge sogar so tief, daß es durch eine operative Entfernung größerer Hautpartien freigelegt werden muß, damit sie überhaupt etwas sehen (Beispiel: Shar Pei, Chow-Chow).

## M

### Merlefaktor
Eine Erbanlage, die Weißfleckigkeit des Fells (Pigmentlosigkeit) bedingt, aber auch die Neigung zu schweren Augenerkrankungen und Taubheit als Nebeneffekt des Zuchtziels »helles Fell« zur Folge hat. Obendrein kann die Sterblichkeitsrate bei den Welpen bis zu 50% betragen. Der Merlefaktor kommt vor allem bei Collies (Blauschecke), Tigerdackel und getigerter Dogge vor. Diese Tiere werden wegen der seltenen Färbung gezüchtet und teuer gehandelt, obwohl sie erbkrank sind. Erste Anzeichen für Merlefaktor sind pigmentlose Flecken vor allem am Rand der Iris, die auch bei anderen Rassen (zum Beispiel Sibirian Huskies) im Standard zugelassen sind.

## P

### Phänotyp
Das äußere Erscheinungsbild des Hundes. Im Gegensatz dazu versteht man unter Genotypus die möglichen Erbanlagen, die in einem Tier stecken. Beim reinrassigen Hund wurde solange eng gezüchtet, bis der Phänotyp weitgehend dem Genotypus entsprach. Wogegen beim Mischling der Phänotyp nichts darüber aus-sagt, wie die Nachkommen aus-sehen werden, da in seinem Erb-gut vielfältige Anlagen enthalten sind.

### PRA
Progressive Retina Atrophie. Erbkrankheit, die mit zunehmender Verkümmerung der Netzhaut einhergeht. Sie tritt im Alter von 1 bis 5 Jahren auf und führt mit der Zeit zu Grünem Star und Erblindung. Von PRA sind vor allem Kleinpudel, Cocker Spaniel, Irish Setter, Berner Sennenhund, Tibet-Terrier, Collie, Sheltie, Labrador und Golden Retriever betroffen. Die Zuchtverbände gehen in zunehmendem Maße dazu über, Hunde auf diese Krankheit untersuchen zu lassen und betroffene Tiere aus der Zucht zu nehmen.

### Puls
Den Puls fühlt man beim Hund am besten an der Oberschenkelarterie auf der Innenseite der Oberschenkel. Die Pulsfrequenz beträgt beim ausgewachsenen Hund je nach Größe zwischen 60 und 120 Schläge pro Minute. Große Hunde haben einen langsameren Puls.

## Q

### Quarantäne
Isolierung von kranken oder ansteckungsverdächtigen Tieren zur Verhinderung von Seuchen. Wegen der Tollwutgefahr ist für England, das frei von Tollwut ist, bei der Einreise eine 6monatige Quarantäne vorgeschrieben. Für Norwegen und Schweden gilt eine Quarantänezeit von 4 Monaten. In der Bundesrepublik, Österreich und der Schweiz gelten keine Quarantänevorschriften.

# Hunde Lexikon

## R

### Rasse
Gruppe von Hunden einer Art mit bestimmten rassetypischen Merkmalen, die von den zuständigen Zuchtvereinen willkürlich festgelegt werden.

### Rezessiv
Gegensatz von dominant (→ Seite 83). Erbeigenschaften, die durch dominante überdeckt werden, aber in den Erbanlagen erhalten bleiben. Sie können in einer späteren Generation wieder auftauchen, wenn sie sich mit entsprechenden rezessiven Genen des Partners paaren. Wegen der Vielfältigkeit der Anlagen mancher Mischlinge ist der rezessive Erbgang von großer Bedeutung, da die rezessive Erbanlage im Genotyp (→ Phänotyp, Seite 89) verborgen bleibt und sich erst Generationen später im Phänotyp zeigen kann.

## S

### Scheinträchtigkeit
Bei vielen Hündinnen etwa 8 bis 9 Wochen nach der Läufigkeit auftretende, hormonell bedingte Wesensveränderung. Die Hündin verhält sich als ob sie Welpen aufzieht. Sie baut ein Nest und nimmt Spielzeug an Kindesstatt an. Häufig vergrößert sich das Gesäuge, es schießt Milch ein. Bei Rudeltieren, zum Beispiel bei den Wölfen, hat die Scheinträchtigkeit ihre Funktion: Fällt eine Mutter aus, steht immer eine Amme bereit, die die Welpen ernährt und aufzieht. So wie unsere Hunde heute leben, sind aber keine Welpen vorhanden, die die Milch absaugen könnten. Deshalb bilden sich im Gesäuge häufig Entzündungen, die Knötchen hinterlassen. Im Alter können daraus Tumore und letztlich auch Krebsgeschwüre entstehen. Bei einer Hündin, die nach jeder Läufigkeit scheinträchtig wird, empfiehlt sich die Kastration als krebsvorbeugende Maßnahme.

### Scherengebiß
Normale Gebißform der Hunde. Die Zähne des Oberkiefers liegen vor und seitlich außerhalb der Zähne des Unterkiefers. Dabei schließen die Zähne des Ober- und des Unterkiefers knapp aneinander an, so daß beim Beißen eine Schneidewirkung erreicht wird.

### Schlittenfahren
Man sagt, der Hund »fährt Schlitten«, wenn er sich auf seine Analregion setzt, die Hinterbeine nach vorne streckt und mit Hilfe der Vorderbeine sein Hinterteil über den Boden zieht. Der Hund verhält sich so bei analem Juckreiz, wenn sein After verklebt ist oder die Analdrüsen entzündet sind, aber auch gelegentlich wenn er Würmer hat.

### Standard
Auch Rassestandard. Beschreibung des Idealbilds einer Rasse mit all ihren Merkmalen. Der Rassestandard wird von den zuständigen Zuchtvereinen nach subjektiven, vorwiegend äußerlichen Kriterien erstellt.

### Stehohr
Durch den Ohrknorpel sich selbst tragendes, aufrecht stehendes Ohr, wie es zum Beispiel Deutscher Schäferhund, Chow-Chow und Spitz haben. Vielfach wird bei Rassehunden wie Schnauzer, Boxer, Dobermann und Dogge durch das Kupieren des hinteren Ohrrandes nachgeholfen, so daß aus dem Kippohr ein Stehohr entsteht. Das Kupieren der Ohren ist heute in Deutschland und der Schweiz verboten.

### Sterilisation
Verharmlosender Ausdruck, den man fälschlicherweise oft für die Kastration (→ Seite 88) der Hündin gebraucht. Medizinisch gesehen ist Sterilisation die Unterbindung der Eileiter der Hündin oder der Samenstränge des Rüden. Beide Operationen haben allein den Effekt, die Fort-

pflanzung zu verhindern, helfen aber nicht gegen Aggressivität oder Hypersexualität, die man nur mit der Kastration eindämmen kann. Bei der Hündin wird die Sterilisation von Fachleuten sogar als Fehler angesehen, da die Wahrscheinlichkeit von Eierstockzysten und Gebärmutterentzündungen nach dieser Operation zunimmt.

## Superfetation
Von Superfetation spricht man, wenn die Hündin im Laufe einer Läufigkeit von mehreren Rüden gedeckt wird und im Wurf Welpen verschiedener Väter vorkommen.

## T

## Tätowierung
Kennzeichnung der Hunde an der Innenseite der Ohrmuschel oder am Innenschenkel mit Buchstaben und Ziffern zur eindeutigen Identifizierung. Auf Empfehlung des Deutschen Tierschutzbundes wird in das eine Ohr der Buchstabe des örtlichen Autokennzeichens zusammen mit der Jahreszahl tätowiert, ins andere Ohr kommen die Initialen des Tierarztes, der die Tätowierung vornimmt, und eine laufende Nummer. Die Tätowierung wird unter Narkose vorgenommen. Entläuft ein Hund, hat man wesentlich größere Chancen, ihn wiederzufinden, wenn er tätowiert ist. Die Tierärzte, die die Tätowierung vorgenommen haben, führen eine Liste mit Besitzern und deren Adressen, außerdem gibt es noch zwei zentrale Stellen, die tätowierte Tiere registrieren: Der Deutsche Tierschutzbund in Bonn und das Haustierzentralregister Tasso (→ Adressen, Seite 95).

## U

## Unterbiß
Karpfengebiß. Die Zähne des Oberkiefers liegen zu weit vor denen des Unterkiefers, so daß ein korrekter Kieferschluß nicht möglich ist. Kommt bei langschnauzigen Rassen wie Dackel, Dobermann, Deutscher Schäferhund und Collie vor.

## Uterus
Gebärmutter. Beim Hund besteht die Gebärmutter aus zwei schlauchartigen Hörnern, die bei den Eierstöcken beginnen und sich am Gebärmutterhals vereinen. Während der Trächtigkeit vergrößert sich die Gebärmutter etwa um das Zehnfache. Nach der Geburt entwickelt sie sich wieder zur Normalform von Stricknadel- bis Fingerdicke (je nach Größe des Hundes) zurück.

## V

## Vorbiß
Hechtgebiß. Die Schneidezähne des Unterkiefers liegen vor denen des Oberkiefers, so daß kein korrekter Schluß des Gebisses möglich ist. Bei kurzschnauzigen Rassen (Boxer, Bulldogge, Mops, Pekinese) hat man diese Anomalie zum Rassestandard erhoben.

## W

## Wolfskralle
auch Afterzehe, Afterkralle genannt. Hohe Kralle innen an den Hinterläufen, die keinen Bodenkontakt hat. Sie gilt als Zeichen der Ursprünglichkeit und ist bei vielen Mischlingen vorhanden. Man sollte sie nur entfernen, wenn sich der Hund wiederholt daran verletzt hat. Für die routinemäßige Entfernung ist die bloße Verletzungsgefahr kein stichhaltiges Argument, sonst müßte die Daumenkralle (→ Seite 83) auch entfernt werden. Die Wolfskralle kann auch doppelt und dreifach angelegt vorkommen, vor allem bei großen Hunden.

## Würmer
<u>Spulwürmer:</u> Die meisten Hunde haben Spulwürmer, weiße, spaghettiartige etwa 10 cm lange Würmer, die mit dem Kot ausgeschieden werden. Schon im Mutterleib findet eine Übertragung statt. Deshalb muß jeder Welpe, auch wenn er bisher nur in der Wohnung war, entwurmt werden.
<u>Bandwürmer:</u> Seltener kommen Bandwürmer vor, von denen man einzelne Glieder im Kot finden kann; sie sind etwa 5 mm groß und reiskornartig.
Da es neben den genannten noch andere, seltenere Wurmarten gibt, muß zur Entwurmung (→ Seite 40) ein Mittel verwendet werden, das ein möglichst breites Wirkungsspektrum hat.

# Arten- und Sachregister

Die **halbfett** gesetzten Seitenzahlen verweisen auf Farbfotos und Zeichnungen. U = Umschlagseite.
Auf den mit * gekennzeichneten Seiten finden Sie Steckbriefe zu den jeweiligen Mischlingstypen.

**A**bgemagerter Hund 19, **19**
Abstammung des Hundes 59
Abszeß 42, **43**
Ängstlicher Hund 12
Aggression 12, 23, 58, 60, 61
Allergien 10, 43, 55
Alphatiere 82
Altdeutscher Schäferhund – Wolfsspitz **37**, **48**
Alter 14, 87
Alter Hund 32, 48
Analdrüsen 82
Analkontrolle 84, **84**
Angst 61
-beißen 82
Anschaffung 10
Antikörper 82
Anzeigen in der Zeitung 11
Apathie 43, 45, 47
Appetitlosigkeit 32, 43, 45
Artgenossen, Kontakt mit 62
Artgerechte Haltung 82
Atavismus 82
Atembeschwerden 43, 47, 51
Aufzucht, Welpen- 56
Augen 38, 54, 55, 62
Ausfluß, blutiger 50
Ausgesetzter Hund 16
Auslauf 29
Aussehen 14, 51
Autofahren 19, 29

**B**abesiose 19, 81
Baden 36
Bandscheibenbeschwerden 48, 54
Bandwürmer 37, 40, 91
Basset – Collie 75*, **75**
Beagle – Bracke 75*, **75**
Beine 54
Bein heben 63
Beißerei 42, 62, 82
Bellen 60

Berner Sennenhund 54
Berner Sennenhund – Chow-Chow 76*, **76**
Bernhardiner 7, 54, **U3**
Bernhardiner – Collie 76*, **77**
Beschnuppern der Analregion 62
Betteln 31, **31**
Bindehautentzündung 38, 47, 54
Bißverletzungen 42
Blähungen 45, 46
Blutauffrischung 8, 87
Blutung 47, 50
Blutvergiftung 43
Borreliose 37
Boxer – Greyhound 70*, **70**
Boxer – Schäfer 70*, **70**
Bracke – Beagle 75*, **75**
Bracke – Pudel-Mix **U1**, 72*, **72**
Bürsten 36

**C**hondrodystrophie 54, 82
Chow-Chow – Berner Sennenhund 76*, **76**
Cocker – Puli-Mix 74*, **74**
Collie – Basset 75*, **75**
Collie – Bernhardiner 76*, **77**

**D**ackel – Schäfer 51, 54, 78*, **78**
Dackel – Yorkshire 72*, **72**
Dalmatiner – Labrador 66*, **66**
Dalmatiner – Münsterländer 6, 66*, **66**, **U3**, **U4**
Decke 12, 22
Defektzucht 7, 83
Demutsgebärde **62**
Diät 32
Dogge – Labrador 71*, **71**
Doggenmischling **37**
Dogo-Argentino – Gebirgsschweißhund 74*, **74**
Domestikation 59
Dominant 83
Druckverband 42
Durchfall 31, 33, 43, 46, 47

**E**ierstockzyste 58
Eingewöhnung 21, 22
Einschläfern 49
Ekzeme 21
Ellenbogengelenk **83**
Entwurmen 12, 33, 37, 40, 56
Erbanlagen 51
Erbkrankheit 54
Erbrechen 43, 45, 46, 47
Erkältung 38, 47
Ernährung, artgerechte 30
Ernährung, schlechte 55
Erscheinungsbild 12

Erste Hilfe 42
Erwachsener Hund 10, 12
Erziehung 22, 25, 26
Eßnäpfe 30, **30**

**F**ehlerziehung 25
Fellpflege 36
Ferse **83**
Fersenbiß **83**
Fett 30, 34, 35
Fieber 43, 45, 47
-messen **46**, 48
Figurprobleme 32
Figurtest 30
Findelhund 16, 18, 32
Fleisch 31, 32, 33, 34, 35
Flöhe 36, 37
Flugzeug, Transport mit dem 19
Freßstörungen 32
Fruchthüllen 56
Fundunterschlagung 16
Futter 12, 30, 31, 33, 46
Fütterungszeiten 32

**G**ebärmutter 51
-entzündung 58
Gebirgsschweißhund – Dogo-Argentino 74*, **74**
Gebiß 86
-erhaltung 31
-kontrolle 38
–, Scheren- 90
Geburt 51, 55, 56
Gehörsinn 62
Geruchssinn 63
Geschlechtsreife 50
Gesunder Hund 12
Gesundheitsstörungen 46, 47
Gesundheitsvorsorge 40
Gift 43
Gitter, Spezial- 29
Greyhound – Boxer 70*, **70**
Größe 14, 51, 64

**H**aarwechsel 86
Haftpflichtversicherung 12, 86
Haltung, artgerechte 82
Harnträufeln 47, 58
Hautsymptome 19
Hecheln 46, 63, 86
Hepatitis 40, 44, 45
Herrenloser Hund 16, 17, **17**, 18, 19, 24, 80*, **80**, 81*, **81**
Herzerkrankungen 47, 48, 49
Heterosiseffekt 8, 86
Heulen 59, 60
Hitzschlag 29
Hochbrunst 50
Hodentumor 58

Hormone 56, 58
Hornhaut 51, 54
Hovawart – Setter 67*, **67**
Hüftgelenk **83**
-sdysplasie 54, 86
Hund
– als Besitz 16
– als Sache 87
–, großer 10
–, junger 10, 32
–, Ketten- 24
–, kleiner 10
–, kranker 45
–, Mittelmeer- 80*, **80**, 81*, **81**
–, unterernährter 33
–, verwahrloster 12, 19, **19**, 21, 24
–, von Bekannten 11
–, wildernder 25
–, Zwinger- 23, 24
Hunde
-begegnungen 62
-gerechte Strafe 26
-menüs 34, 35
-pension 29
-platz 22, 23, **23**
-psychologen 25
-schule 25
-sprache 60
-steuer 87
-verbände 7
-vermittlung 56
Hündin 51, 55, 58
Husky – Schäferhund **5**
Husten 43, 46, 47

IATA-Vorschriften 19
Immunität 40
Impfung 12, 40, 44, 56
Imponiergehabe 63
Infrarotwärmelampe 55
Insektenstiche 43
Inzucht 8, 40, 88

**J**agdhundmischung aus Elba 71*, **70**
Jagdterrier – Griffon 57
Jäger 25
Jaulen 60
Jodeljaulen 88
Juckreiz 19

**K**alzium 30, 55
Kämmen 36
Kastration 58, 88
Kettenhunde 24
Kniegelenk **83**
Kniekehle **83**
Kniescheibenprobleme 55
Knochen 31, 46, 47, 88
Knurren 60, 61
Kojote 59
Kolostralmilch 56, 88

92

# Aus Liebe und Verantwortung

Heimtiere machen nicht nur Kindern, sondern der ganzen Familie viel Freude. Und ob Hund, Hamster oder Wellensittich – wer sich einmal an den kleinen Liebling gewöhnt hat, möchte ihn nicht mehr missen. Deshalb ist es wichtig, über die Bedürfnisse der Tiere wirklich Bescheid zu wissen. Die **GU Tier-Ratgeber** – von anerkannten Autoren geschrieben – sind ideal als Helfer bei der artgerechten Haltung mit Herz und Verstand. GU Ratgeber gibt es zu allen beliebten Tierarten. Sie sind auch für Kinder geeignet, die ihr Tier selbst versorgen wollen.

34,80 DM/272,-öS/34,80 sFr.

12,80 DM/100,-öS/12,80 sFr.

14,80 DM/116,-öS/14,80 sFr.

12,80 DM/100,-öS/12,80 sFr.

12,80 DM/100,-öS/12,80 sFr.

**Mehr draus machen. Mit GU.**

Kontakt mit Artgenossen 62
Kontakt mit Menschen 23, 24, 56
Kopfgröße beim Welpen 14, **14**
Korb 12, 22, **23**, **51**
Körpersprache 61
Kot 45, 47
Krallen 39, **39**, 82, 83, 91
Krankenversicherung für Hunde 45, 87
Krankheiten 40, 45, 54
Kreuzung 88
Kromfohrländer 7
Kupieren 61, 88
Kurzbeinigkeit 54, 82
Kurzhaariger Hund 36
Kurzschnauziger Hund 51

**L**abrador – Dalmatiner 66*, **66**
Labrador – Dogge 71*, **71**
Labrador-Mix – Sheltie 68*, **68**
Läufigkeit 50, 58
Langhaariger Hund 36
Langrückiger Hund 54
Lautsprache 60
Leinenführung 26, **26**
Leischmaniose 19
Leptospirose 40, 44, 45
Letalfaktor 89
Lidspalte 54, 89

**M**agendrehung 30, 47
Markieren **33**, 62, 63
Mattigkeit 19
Maul, Fremdkörper im 43, 47
Maul öffnen **46**, 48
Medizin eingeben 48
Menschenkontakt 23, 56
Merlefaktor 89
Mexikanischer Nackthund 8
Mietvertrag 10
Milben 19
Milch 31, 46
-bildung 56
-drüsen 31
-zähne 14
Mimik 61
Mineralien 30, 55
Mischlingswelpe 14, **14**, 15, **15**
Mittelfuß **83**
Mittelmeer-Mix 80*, **80**, 81*, **81**
Mittelschnauzer **57**
-mischlinge **57**
Münsterländer – Dalmatiner 6, 66*, **66**, U3, U4

**N**abelschnur 56
Nachgeburt 56
Nachwuchs 50, 54, 58

Nackenschütteln 25, 28
Namensschild 12, **12**
Nase 48, 63
Nasenkontakt 62
Nasenspiegel **83**
Nestbau 55

**O**berarm **83**
Oberkiefer, kurzer 54
Oberschenkel **83**
Oberschenkelkopfmißbildung, degenerative 55
Ohren 54, 61, 62, 62
–, angelegte 61
–, Hänge- 54, 86, **87**
–, Kipp- 54, 88
–, Knick- 54
–, Steh- 54, **87**, 90
–, warme 48
-entzündung 54

**P**aarung 50
Parasiten 36
Parodontose 38, 47
Partnerwahl 50
Parvovirose 40, 44, 45, 47
Pekinese 8, 51
Pflege 36, 37, 38, 39
-platz 22
Pfotengröße beim Welpen 14, **14**
Phänotyp 89
Plazenta 56
Polizei 16
PRA 89
Pudel-Mix – Bracke 72*, **72**
Pudelmischling **20**
Puli-Mix – Cocker 74*, **74**
Puls 89

**Q**ualzucht 7, 83
Quarantäne 89

**R**angordnung 59, 60
Rasse 6, 7, 90
-standard 90
Räude 19
Rauferei 42, **42**, 62, **65**
Rezessiv 90
Rottweiler – Schäfer 79*, **79**
Rücken 54
Rudel 59
Rüde 10, 58
Rute 61, 62

**S**augphase 22
Schäfer – Boxer 70*, **70**
Schäfer – Dackel 51, 54, 78*, **78**
Schäfer – Husky **5**
Schäfer – Rottweiler 79*, **79**
Schakal 59
Scharren 63

Scheinträchtigkeit 55, 90
Scheren 36
Schlittenfahren 45, 90
Schluckbeschwerden 43
Schnauze 48, 51, 54
Schnauzenbinde 48
Schnittverletzungen 42
Schultergelenk **83**
Schulterhöhe 64
Schwangerschaft 55
Schwanz 61, 63
Schweißdrüsen 63
Setter 54
Setter – Hovawart **49**, **60**, 61, 67*, **67**
Sexualität des Hundes 50
Shampoo 36, 37
Shar-Pei 8
Sheltie – Labrador-Mix 68*, **68**
Sinnesorgane 62
Sozialisation 23
Sozialverhalten 62
Spaniel 54
Spazierengehen 29
Spielaufforderung **59**, 61
Spielen 29, 62
Spitzmischung **8**, **9**, **11**, 69*, **68**, **69**
Spulwürmer 40, 91
Standard 90
Staupe 38, 40, 44, 45, 47
Sterilisation 58, 90
Steuermarke 12, **12**
Strafe, hundegerechte 26
Streusalz 39
Stubenrein 24, 28
Superfetation 91

**T**ätowierung 12, 18, **18**, 91
Temperatur 48
Thermometer 48
Tibet-Terrier-Mischling 73*, **73**
Tierheim 11, 12, 16, 18, 23, 58
Tierschutzorganisationen 18, 95
Tigerdackel 89
Tollwut 40, 44, 45, 47
Trächtigkeit 55
–, Schein- 90
Transport 19, 21
-box 21, **45**
Trinken 31
Trinknäpfe 30, **30**
Tumor 47, 58

**Ü**bergewicht 32
Übung
– »alleine bleiben« 27, **27**
– »an der Leine gehen« 26, **26**
– »komm her« 27, **27**

– »sitz« 27, **27**
Unfallhund 43, **43**
Ungeziefer 36, 37
Unterarm **83**
Unterbiß 91
Unterschenkel **83**
Unterwerfung 61
Urin 45, 47
Urlaub 29
Urlaubshunde 17, 80*, **80**, 81*, **81**
Uterus 91

**V**aterwahl 50
Verbände 7
Vererbungslehre 51, 64
Verfilzungen 21, 36
Vergiftung 43, 47
Verhalten des Hundes 12, 59
Verkehrssicher 25
Vermieter 10
Vermittlung der Hunde 56
Versuchshunde 24
Versuchslabors 24
Verwahrloster Hund 12, 19, **19**, 21, 24
Vitamine 30, 33, 35, 55
Vorbesitzer 12
Vorbiß 54, 91
Vorbrunst 50
Vorsorgemaßnahmen 40

**W**ahl des Vaters 50
Wärmelampe 22, 55
Wasser 31
Welpen **13**, 14, **14**, 15, **15**, 22, 28, 55, 56
– halten 21, **21**
Wesen 14, 54
Widerrist **83**
Wildernder Hund 25
Wurfkiste **51**, 55
Würmer 40, 91
Wurmkuren 40

**Y**orkshire 7, 55
– Dackel 72*, **72**

**Z**ähne 14
–, gefletschte 61
Zahnstein 38, 47, 48
Zäpfchen einführen 48
Zecken 36, **36**, 37
Zeitungsanzeigen 11
Zittern 61
Zitzen 56
–, geschwollene 55
Züchtungen 7
Zuckerkrankheit 47, 55
Zwergrassen 4
Zwingerhund 24

## Adressen, die weiterhelfen

### Registrierung von Hunden
Haustierzentralregister für die BRD e.V. TASSO, Postfach 1423, D-65783 Hattersheim 1, Tel. 06190/ 4088

Zentrales Haustierregister des Deutschen Tierschutzbundes e.V., Baumschulalle15, 53115 Bonn, Tel. 0228/631005-07

### Speziallieferant für Hundefutter
Aras Tiernahrung Vertriebs GmbH, Zentrale Nürnberg, Äußere Sulzbacher Str. 15, 90489 Nürnberg

### Tier-Retter im Süden
Griechenland
Athen: Areti Papastavrou, Solonos 43, Athen 10672, Tel. 00301/36/10689
Kreta: Friends of Animals, Nikos Tsolakis, Heraklion oder Arbeitskreis Mensch und Tier, G. Simon-M. Aly, Hirtenstr. 15, 85521 Ottobrunn, Tel. 089/6097142
Samos/München: Tierhilfe Süden e.V., c/o Hannelore Denzle, Mühlbergstr. 2, 82319 Starnberg, Tel. 08151/12581

Italien
Golf von Neapel: Lega Pro Animale, Dorothea Friz, Via Sossio, S46, 81039 Bonifica Villa Literno, Tel. 0039/81/8929420
Assisi: ENPA/Ricovero per animali San Francesco, Filiale di Assisi (Umbrien)

Jugoslawien
Belgrad: Tierheim Vera Radulovic, Djordje Ristic, Bircaaninova 28b, 11 000 Belgrad, Tel. 0038/11/645, 660

Portugal
Lagos/Algarve: Bridget Hicks, Colinas Verdes 4, Bensafrim,

8600 Lagos, Algarve, Tel. 00351/82/67159
Loule: Associacion dos Amigos dos Animais Abandonados Canil de Sao Francisco, Lilo Clauberg, 8100 Loule, Campino de Baixo, Tel. 00351/89/95591

Spanien
Madrid: Sociedad protectora de animales y plantas San Martin de Porres, Ewa Bekier/Mercedes Diguez, C/Bolarque 5, 11D, Alcal de Henares/ Madrid, Tel. 0034/91/ 8812912
Costa Brava: Amigos de los Animales, R.Dawn-Hamilton, Casa Nuestra, Cami Vell, No. 16, Urb. Mas Marques, Estarit/ Gerona, Costa Brava
Gran Canaria: Sociedad Protectora De Animales ANAHI, Gabriela Kappeler, Apartado de Correos, 609 Maspalomas, Tel. 0034/28/765747
Ibiza: Ursula Gemünd, Figuretes, Calle Galazia 8, Ibiza, Tel. c/o Flores y Regales 0034/71/307176
Ischia: Tierheim Monte di Panza, A. Ernst, 80070 Panza, Via Pelara
Mallorca: Jutta Kupfer, C, 457, No.3, San Francisco, Palma de Mallorca, Tel. 0034/71/262380 oder c/o Helga Knies, Tierhilfe Mallorca e.V., Bonner Str. 17, 65428 Rüsselsheim, Tel. 06142/41687

### Die Autoren
Christine Metzger, Jahrgang 1953, Studium der Germanistik, Verlagslektorin, seit 1985 freie Journalistin. Lebt und arbeitet in München. Zahlreiche Publikationen (Bücher, Zeitungen, Zeitschriften, Rundfunk).
Dr. Uwe Streitferdt, Jahrgang 1943, Studium der Tiermedizin, acht Jahre Assistent der Medizinischen und der Chirurgischen Tierklinik der Universität München. Betreibt seit 1978 eine Kleintierpraxis in München. Beratertätigkeit für Zeitschriften, Rundfunk und Fernsehen.

## Literatur, die weiterhilft
(falls nicht im Buchhandel, dann in Bibliotheken erhältlich)

Bergler, Reinhold: *Mensch und Hund*. Deutscher Institutsverlag, Köln
Herdan-Zuckmayer, Alice: *Das Scheusal*. S. Fischer Verlag, Frankfurt
Klever, Ulrich: *Hunde*. Gräfe und Unzer Verlag, München
Lorenz, Konrad: *So kam der Mensch auf den Hund*. dtv, München
Morris, Desmond: *Dogwatching*. Heyne Verlag, München
Streitferdt, Uwe: *Mein kranker Hund. Erste Hilfe – Behandlung – Pflege*. Gräfe und Unzer Verlag, München
Wegler, Monika: *Hunde richtig pflegen und verstehen*. Gräfe und Unzer Verlag, München
Wegner, Wilhelm: *Kleine Kynologie*. Terra Verlag, Konstanz
Zimen, Erik: *Der Hund*. Bertelsmann Verlag, München

### Dank
Autoren und Verlag danken Herrn Reinhard Hahn für die juristische Beratung in allen Rechtsfragen, die das Halten von Hunden betreffen; Frau Monika Wegler für das Verfassen der Praxis-Seiten »Hundemenüs«.

### Widmung
Dieses Buch ist von Putschi und Benjamin für Tante Evi und Onkel Heinz – in memoriam Klosterneuburg, wo so schöne Sonnenblumen wuchsen ...

---

**Wichtige Hinweise**

In diesem GU Ratgeber geht es um die Anschaffung und Haltung von Mischlingshunden. Autoren und Verlag halten es für wichtig, darauf hinzuweisen, daß Wesen und Charakter von Mischlingshunden oft nicht einschätzbar sind, da die Eltern in vielen Fällen unbekannt sind.
Wer einen erwachsenen Hund zu sich nimmt, muß sich bewußt sein, daß dieser bereits wesentliche Prägungen durch den Menschen erfahren hat. Er sollte den Hund besonders genau beobachten, auch in seinem Verhalten zum Menschen; er sollte sich auch, wenn möglich, den bisherigen Besitzer ansehen. Ist der Hund aus dem Tierheim, so kann dieses über die Herkunft des Hundes und seine Eigenheiten eventuell Auskunft geben. Es gibt Hunde, die aufgrund schlechter Erfahrungen mit Menschen in ihrem Verhalten auffällig sind, vielleicht auch zum Beißen neigen. Diese Hunde sollten nur von erfahrenen Hundehaltern aufgenommen werden. Bei großen Problemhunden empfehlen wir auf jeden Fall den Besuch einer Hundeschule.
Auch bei gut erzogenen und sorgfältig beaufsichtigten Hunden besteht die Möglichkeit, daß sie Schäden an fremdem Eigentum anrichten oder gar Unfälle verursachen. Ein ausreichender Versicherungsschutz liegt im Eigeninteresse; der Abschluß einer Hunde-Haftpflichtversicherung ist in jedem Fall dringend zu empfehlen.

Die Fotos auf dem Umschlag:
Umschlagvorderseite: Maxi, ein Bracke – Pudel-Mix (→ Porträt, Seite 72)
Umschlagseite 2: Kind mit Mischlingshund.
Umschlagseite 3: Daisy und Ruto, zwei Dalmatinermischlinge (→ Porträt, Seite 66), die zusammen mit Cindy (Zwergpudel) und Ziska (Bernhardiner) in einer Hunderevue auftreten.
Umschlagrückseite: Daisy und Ruto.

Die Fotografen:
Animal Thompsen: Seite 70 re. o.;
Bender: Seite 4; Hahn: Seite 81;
Info Hund/Krämer: Seite 74 re., 75 re., 78 o., 79;
Reinhard: Seite 32, 69, 80 re.;
Silvestris: Seite 80 li;
Skogstad: Seite 72 u.;
Thompson: 70 re. o.;
Wothe: Seite 17;
Wegler: alle übrigen Bilder.

© 1992 Gräfe und Unzer Verlag GmbH, München
Alle Rechte vorbehalten. Nachdruck, auch auszugsweise, sowie Verbreitung durch Film, Funk und Fernsehen, durch fotomechanische Wiedergabe, Tonträger und Datenverarbeitungssysteme jeder Art nur mit schriftlicher Genehmigung des Verlages.

Redaktionsleitung: Hans Scherz
Stellvertretende Redaktionsleitung: Renate Weinberger
Lektorat: Mirjam Baumann
Verfasserin der Praxis-Seiten »Hundemenüs«: Monika Wegler
Herstellung: Petra Altmannshofer
Produktion: Johannes Schmidt-Thomé
Umschlaggestaltung: Heinz Kraxenberger
Satz: Michael Bauer
Reproduktion: OK Meyer
Druck und Bindung: Stürtz

ISBN 3-7742-1492-1

| Auflage | 8. | 7. | 6. | 5. | 4. |
|---|---|---|---|---|---|
| Jahr | | 99 | 98 | 97 | 96 | 95 |